PECES PEDORROS

Y OTROS 49 DESCUBRIMIENTOS CIENTÍFICOS PARA MENTES CURIOSAS

ALICE HARMAN

SAM WEDELICH

M

Papel certificado por el Forest Stewardship Council®

MIXTO
Papel | Apoyando la
silvicultura responsable
FSC® C016973

Penguin
Random House
Grupo Editorial

Título original: *Farting Fish and 49 Other Weird and Wonderful Scientific Discoveries*

Primera edición: marzo de 2026

Printed in China — Impreso en China

ISBN: 979-13-87724-55-9
Depósito legal: B-17.382-2025

Compuesto por Miguel Ángel Mazón Studio

GT 24559

¡NO
lo intentes
en casa!

PECES PEDORROS

Y OTROS **49** DESCUBRIMIENTOS CIENTÍFICOS PARA **MENTES** CURIOSAS

ALICE HARMAN

SAM WEDELICH

Montena

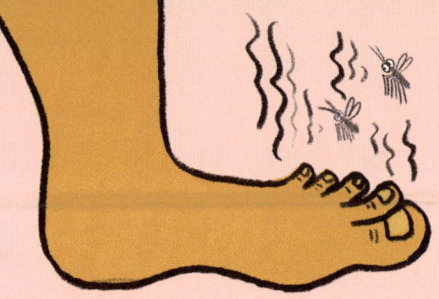

ÍNDICE

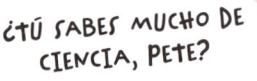

¿TÚ SABES MUCHO DE CIENCIA, PETE?

¡PUES CLARO! ¡¿POR QUIÉN ME TOMAS, CEREBRO DE CHORLITO?!

ABSURDO ANIMAL

CUERPOS RARUNOS

PUNTUAR LA CIENCIA

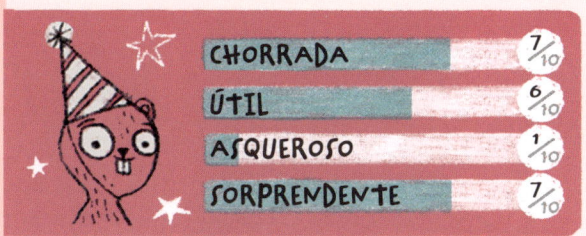

CHORRADA	7/10
ÚTIL	6/10
ASQUEROSO	1/10
SORPRENDENTE	7/10

Los descubrimientos que aparecen en este libro pueden ser una chorrada, la mar de útiles, asquerosos o sorprendentes..., ¡y a veces todo a la vez!

Fíjate en el cartelito de puntuaciones de cada apartado. Aunque todos los descubrimientos han ganado un premio IG Nobel, nosotros hemos calificado cada uno por nuestra cuenta, con cuatro categorías distintas para compararlos. ¡A ver si estás de acuerdo con nosotros!

¡¿?!

TODO A TU GUSTO

CURIOSA MENTE

¡AY, QUÉ BIEN! ¡MÁS MUESTRAS PARA MI LABORATORIO!

¡LO QUE QUIERAS!

INTRODUCCIÓN

¿Te suenan los premios Nobel? Es un premio superserio e hiperrespetado que se le entrega cada año a gente cuyo trabajo cambia el mundo en muchos ámbitos, como el de la física, la medicina o promoviendo la paz en el planeta.

Vale, ¿y has oído hablar de los premios IG Nobel? Digamos que son... un pelín distintos. Estos premios se otorgan a algunos de los descubrimientos científicos más sorprendentes del mundo, desde cómo nadar en una piscina llena de sirope a usar un helicóptero teledirigido... ¡para recolectar mocos de ballena!

La ceremonia de los premios IG Nobel es una noche llena de caos... y muchísimas risas. Premios Nobel de verdad entregan galardones hechos con macetas o cabezas de maniquís, y si alguien se enrolla con su discurso de agradecimiento, sale al escenario una niña de 8 años para decir: «¡Para ya, que me aburro, por favor!».

Desde que se crearon en 1991, se entregan diez premios IG Nobel cada año. En este libro aparecen 50 de los más alucinantes que tienen que ver con animales, nuestro cuerpo, la comida y nuestro cerebro. Cada uno de ellos nos enseñan a entender el mundo un poquito mejor, aunque nos cuenten cosas que preferiríamos no saber (¡como que la mayoría de los adolescentes se hurgan la nariz y se zampan los mocos!).

EL OBJETIVO DE LOS IG NOBEL ES QUE TE RÍAS, ¡Y DESPUÉS QUE PIENSES!

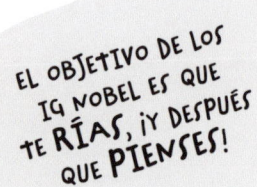

DEMOSTRAMOS QUE HASTA LAS INVESTIGACIONES MÁS RARAS PUEDEN SER ÚTILES E INTERESANTES.

Marc Abrahams, creador de los IG Nobel.

Si quieres saber más de los IG Nobel, visita la web oficial: www.improbable.com

6

EL JUEGO DE LOS AVIONES DE PAPEL

¡CUIDADO CON LOS AVIONES DE PAPEL!

¡NO lo intentes en casa!

¡Hacer avioncitos de papel es una forma estupenda de meterse en el espíritu de los IG Nobel!

Pero no intentes recrear ninguno de los experimentos o invenciones de este libro, porque podrías hacerte daño.

Una de las tradiciones más queridas (a la par que absurda) de la ceremonia de los IG Nobel es la de tirar avioncitos de papel al escenario y a los galardonados.

¡A la gente que los ve desde casa se la anima a que hagan vídeos en los que aparezcan lanzando avioncitos a cámara! La ceremonia es para que la vean los adultos, pero con estos pasos seguro que eres capaz de hacer un avión de papel superchulo.

CÓMO HACER UN **AVIÓN DE PAPEL**

1 2 3 4 5 6 7

¿Puedes encontrar todos los aviones de papel escondidos en este libro?

Cuando creas que has acabado, ¡ve a la página 80 a ver si los tienes todos!

HALLAR LA RESPUESTA

Puede que los científicos que ganan los IG Nobel se pregunten cosas rarísimas, pero las respuestas las obtienen igual que el resto de los científicos: ¡con el método científico! En este proceso, se piensan posibles respuestas y luego se llevan a cabo experimentos para ver si son las correctas.

¿Te molaría investigar algo que te haya parecido raro? ¡Pues tú también puedes usar el método científico! Te dejamos este sencillo esquema que te guiará paso a paso. Nunca se sabe: a lo mejor acabas ganando un IG Nobel... ¡o un premio Nobel de verdad!

1. PREGUNTA
¿A qué pregunta quieres encontrar una respuesta?

2. HIPÓTESIS
¿Cuáles son tus predicciones para la respuesta?

3. MATERIAL
¿Qué equipamiento necesitas para que puedas investigar?

4. EXPERIMENTO
¿Cuáles son los pasos que tomarás para tratar de hallar la respuesta? Piensa en cómo puedes medir lo que intentas descubrir.

5. RESULTADOS
¿Qué pasó mientras investigabas? Anota cada medición que hiciste.

6. CONCLUSIÓN
¿Qué has descubierto? ¿Contestaste tu pregunta? ¿Tu hipótesis era la correcta?

Antes de ponerte a investigar, cuéntaselo siempre a un adulto para que sepa lo que estás haciendo. Ellos podrán hacer que sea seguro, supervisarlo todo o ayudarte cuando lo necesites.

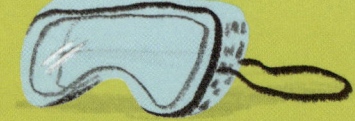

ABSURDO ANIMAL

Nuestros amigos los animales pueden llegar a hacer cosas muy raras, así que ¡les toca a los científicos investigar por qué hacen lo que hacen!

PECES PEDORROS

Una noche muy oscura, en las Tierras Altas de Escocia, unos micrófonos submarinos captaron un misterioso ruido. Luego otro. Y otro más. Unas cámaras con luz infrarroja grabaron una serie de chorros de burbujitas en el agua. ¿Al fin un gran avance para los que buscan el monstruo del Lago Ness con la tecnología más puntera? Eh…, pues no. Se trataba de unos científicos que descubrieron por casualidad el lenguaje secreto que hay… en los pedos de los peces.

Lo que trataban de averiguar estos científicos era si los arenques son capaces de oír los sonidos que emiten sus depredadores, como ballenas o delfines. Pero lo que hallaron fue que los arenques hacen un «sonido agudo como de pedorreta» ¡cuando expulsan burbujitas de gas por el trasero! A estos ruidos los científicos los llamaron Chasquidos Rápidos Repetitivos (FRTS por sus siglas en inglés), o lo que es lo mismo… ¡PEDOS!. Solo se escuchaban de noche, y cuantos más arenques había, más pedos se tiraban todos.

Micrófono subacuático

PRRRR PRRR PRRRRRR

PRRRRRRRR,

PRRRRRPRRPRRR

PRR PRRR PRRRR

Los arenques son pececitos plateados que nadan en grandes grupos llamados bancos o cardúmenes.

10

Los científicos descubrieron que las burbujas de gas se producían por el aire que los arenques habían tragado en la superficie del agua. Dicho aire se les acumulaba en la vejiga natatoria, un **órgano** que ayuda a muchos peces a mantenerse a flote.

Vejiga natatoria

Por lo visto, algunas especies de arenques se tiran pedos a propósito para comunicarse con el resto de su cardumen. En comparación con otros peces, los arenques tienen un oído fantástico y pueden captar sonidos agudos. Así que por la noche, cuando no pueden verse, los pedos serían la manera que tienen los arenques de «hablar» sin alertar a sus depredadores. Sin embargo, ahora que los humanos conocemos su secreto, podríamos usar los FRTS a hurtadillas para seguirles la pista por el mar.

Este IG Nobel lo compartieron con otro equipo de científicos que descubrió que los extraños ruidos submarinos que la marina sueca les había pedido investigar no eran nada más ni nada menos que las flatulencias de los arenques. ¡Con el miedo que tenía la marina de que fueran submarinos rusos! ¡FIUUU!

CHORRADA	8/10
ÚTIL	7/10
ASQUEROSO	7/10
SORPRENDENTE	9/10

EXPERIMENTOS CON ÁCAROS DEL OÍDO

¡FIESTAAA!

¡HAZ LA CROQUETA!

¡OH, YEAH!

Mientras el veterinario Robert A. López trataba a dos gatos con una grave infestación de ácaros del oído, vio que la hija pequeña de la familia se quejaba de que le picaba un montón el pecho y la barriga. La niña solía achuchar mucho a los gatos. Cuando a los animales se les curó la infestación, a ella se le pasaron los picores. Intrigado, el doctor López cogió algunos del oído de un gato y se los metió en su propio oído izquierdo.

A lo largo del mes siguiente, sufrió un fuerte dolor y picazón en ese oído. Cuando desapareció la infestación, ¡repitió el autoexperimento una segunda y una tercera vez! Y la infección acabo siendo cada vez más corta y menos grave, por lo que entendió que es posible volverse **inmune** a estos ácaros. En la ceremonia de los IG Nobel, ¡el doctor López leyó un poema que había escrito sobre los ácaros del oído!

¡TODOS PA' DENTRO!

¡ESPERADME!

El doctor López decía que podía oír y sentir a los ácaros moviéndose por dentro del oído. ¡Qué asco!

¿TÚ CREES QUE PUEDE OÍRNOS?

NO LO TENGO CLARO. ¡VENGA, MÁS FUERTE!

CHORRADA	9/10
ÚTIL	4/10
ASQUEROSO	10/10
SORPRENDENTE	8/10

ARMADURA A PRUEBA DE OSOS

¡GRRRR!

¡VENGO EN SON DE PAZ!

Si te encontraras cara a cara con un oso pardo, ¿qué harías? Aunque rara vez atacan a los humanos, los osos pardos son inmensos y muy muy fortachones, con garras afiladas como cuchillos y dientes que dan pavor...

El inventor autodidacta canadiense Troy Hurtubise quiso ayudar a los científicos que estudian a los osos pardos para que pudieran hacerlo de cerca sin arriesgar sus vidas. Así que dedicó al menos 15 años y más de 115.000 euros de su bolsillo con el fin de crear un traje blindado que permitiera a los humanos sobrevivir al ataque de un oso.

¡AAAAR!

...

¿¡¿!?!

¿A TI TE IMPORTARÍA HACER UNA ENCUESTITA DE NADA?

Los trajes a prueba de osos Ursa, de 2,7 m de altura, estaban fabricados principalmente con metal, plástico y caucho. Eran superresistentes, pero ¡andar con ellos era dificilísimo!

Además, Hurtubise probó el traje en sus propias carnes de formas ridículamente peligrosas. Hizo que la gente lo golpeara y le disparase, que le pasaran camiones por encima o que lo empujaran cuesta abajo. También intentó provocar a osos para que lo atacaran, pero estos no estaban muy por la labor. Los expertos creen que el gigantesco y estrambótico traje ya los asustaba lo suficiente. ¡Como para no!

CHORRADA	7/10
ÚTIL	4/10
ASQUEROSO	1/10
SORPRENDENTE	8/10

¿QUÉ QUERRÁ?

LLEVA UNA CINTA MÉTRICA. PUEDE QUE QUIERA COPIARNOS EL DISEÑO DEL JERSEY.

COMO ME PREGUNTE POR PAPÁ NOEL, ¡ME DA UN PARRAQUE!

CHORRADA		8/10
ÚTIL		5/10
ASQUEROSO		2/10
SORPRENDENTE		8/10

¡AHHHH!

REACCIONES DE RENO

Allá en el Polo Norte, aunque haga un frío que pela, los renos de Svalbard llevan una vida bastante tranquila. La mayoría de los depredadores que cazan renos, como los lobos, los linces y los osos pardos, no habitan en Svalbard. Sí que hay osos polares, pero no se han reportado demasiados ataques.

Sin embargo, algo empezó a cambiar. Con el aumento del deshielo en el Ártico por el cambio climático, los científicos intuyeron que los osos polares y los renos de Svalbard tenían más contacto que antaño.

Un día, un equipo de investigación vio a un oso polar acechando a un grupo de renos. Por aquella época, los científicos andaban experimentando para ver cómo reaccionaban dichos renos si se les acercaba algún humano vestido con ropa oscura de senderismo. Pero esto les dio una idea...

Así que empezaron a estudiar la reacción de los renos si se acercaban a ellos disfrazados de blanquísimos osos polares. Los renos dejaron que el «oso polar» se acercara a ellos hasta media distancia, antes de ponerse nerviosos y salir por patas.

El disfraz estaba hecho con ropa y cinta adhesiva blanca, y luego se añadía papel blanco para cubrir cualquier hueco. El nivel conjunto se completaba con un sombrero calado hasta el cuello con agujeros para los ojos y una nariz negra dibujada.

ACOPIO DE MOCOS DE BALLENA

Entre las olas azotadas por el viento del océano, junto a una ballena gigante, se balancea una pequeña embarcación. A medida que la ballena se aleja lentamente, un helicóptero controlado a distancia la sobrevuela sin perderla nunca de vista. De repente, un chorro de espray lleno de mocos sale disparado del espiráculo de la ballena, moquea al helicóptero... y las **placas de Petri** que transporta. ¡Lo han conseguido!

Este ingenioso método de recolección de mocos lo desarrollaron tres científicos después de devanarse la cabeza para ver cómo podían acercarse a las ballenas y tomar muestras. Los científicos analizan los mocos de las ballenas en busca de gérmenes que causan graves enfermedades. Esto es muy importante, pues es casi imposible obtener muestras de sangre de una ballena viva en su hábitat natural.

¡sííí! ¡YA TENGO LOS MOCOS!

CHORRADA		7/10
ÚTIL		9/10
ASQUEROSO		9/10
SORPRENDENTE		8/10

Los expertos creen que los humanos podríamos estar infectando sin querer a las ballenas con gérmenes mortales, al contaminar el océano y tocar a las ballenas. Cuanto más sepamos sobre la salud de las ballenas, mejor podremos protegerlas.

El espiráculo de una ballena es como su fosa nasal. Exhala aire lleno de mocos **y vapor de agua.**

PULGAS PERRUNAS CONTRA GATUNAS

La pulga es uno de los mejores saltadores de la naturaleza. Esta habilidad tan especial le permite lanzarse sobre un animal hospedador para alimentarse de su sangre. Los humanos suelen toparse con dos especies de pulgas: las pulgas del perro (*Ctenocephalides canis*) y las pulgas del gato (*Ctenocephalides felis*). Pero en una competición de saltos ¿cuál ganaría? Tres científicos franceses decidieron averiguarlo.

PULGA DEL PERRO

PULGA DEL GATO

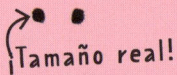

¡Tamaño real!

¡TONGO!

RESULTADOS DE SALTO DE LONGITUD

Pulgas del perro	30,4 cm
Pulgas del gato	19,9 cm

¡CHULITO!

Y EL GANADOR ES... ¡LA PULGA DEL PERRO!

PUES VALE.

RESULTADOS DE SALTO DE ALTURA

Pulgas del perro	15,5 cm
Pulgas del gato	13,2 cm

¡Las pulgas del perro se cuelgan la medalla de oro! Eso sí, las pulgas del gato son capaces de saltar unas 50 veces la longitud de su propio cuerpo. ¡Eso es como si un humano adulto saltara por encima de seis autobuses seguidos!

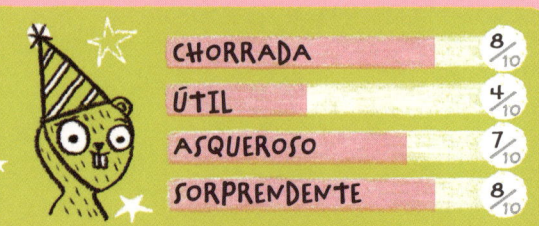

CHORRADA	8/10
ÚTIL	4/10
ASQUEROSO	7/10
SORPRENDENTE	8/10

Las pulgas pueden impulsarse tan rápido porque aprietan partes de su cuerpo como si fueran un muelle. Esto hace que liberen una energía que las lanza por los aires como un rayo.

YII-JAA

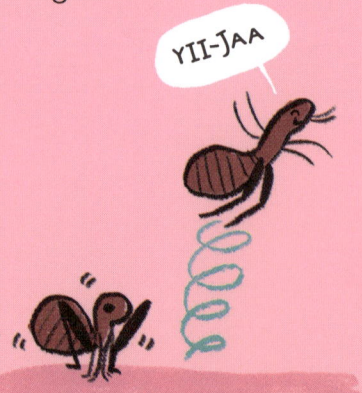

TRADUCTOR CANINO

Si tienes perro, ¿alguna vez te has preguntado en qué estará pensando? Si es así, puede que necesites un BowLingual, un dispositivo electrónico que en teoría ¡es capaz de traducir los ladridos de los perros en palabras humanas! Este invento lo creó la marca de juguetes japonesa Takara con la ayuda de un experto en **análisis** de voz y el director de un hospital veterinario.

El uso del BowLingual consiste en colocar un microfonito en el collar del perro. Cuando este ladra, gruñe, gime, etcétera, el dispositivo «lee» estos sonidos y los asocia a un conjunto de patrones de ondas sonoras. Al parecer, puede interpretar si un perro está feliz, triste, asustado, frustrado, quiere algo ¡o simplemente tiene ganas de hablar!

El estado de ánimo del perro se traduce en una de las 200 frases que aparecen con dibujitos en la pantalla del dispositivo.

A pesar de que las opiniones sobre la precisión del BowLingual no sean unánimes, se han vendido cientos de miles de unidades. ¡También hay un Meowlingual para gatos!

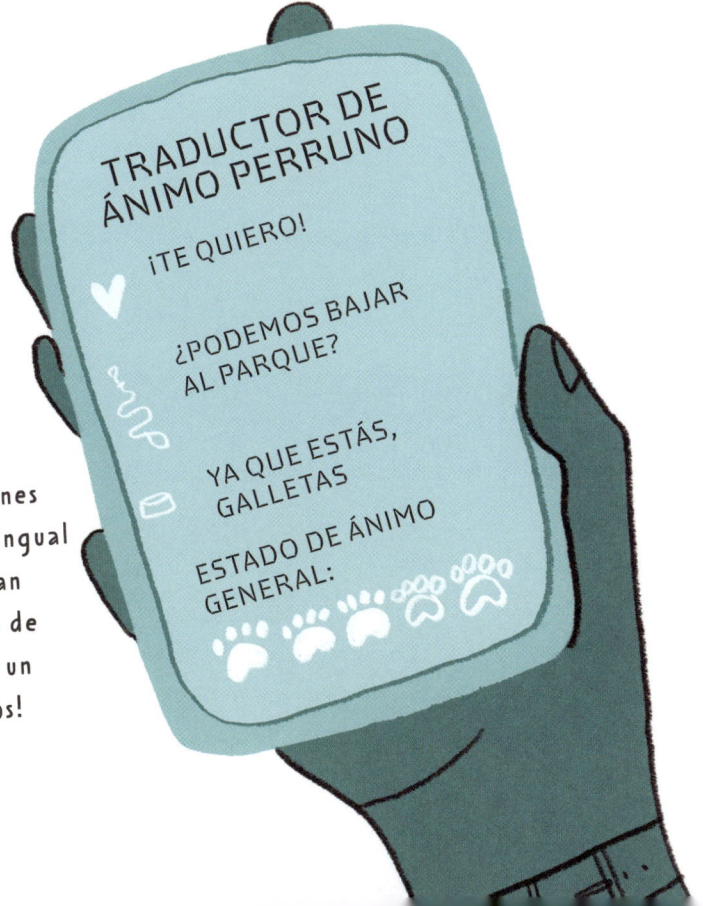

TRADUCTOR DE ÁNIMO PERRUNO

¡TE QUIERO!

¿PODEMOS BAJAR AL PARQUE?

YA QUE ESTÁS, GALLETAS

ESTADO DE ÁNIMO GENERAL:

CHORRADA		7/10
ÚTIL		6/10
ASQUEROSO		1/10
SORPRENDENTE		7/10

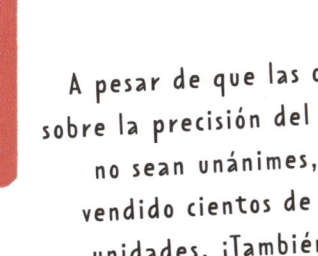
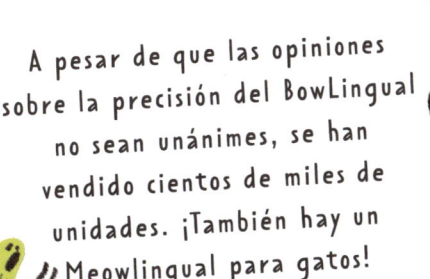

ESCARABAJOS PELOTEROS
POR LA VÍA LÁCTEA

La Vía Láctea es nuestra **galaxia**. Podemos ver parte de ella como si fuera un río brillante formando un arco de estrellas en el cielo. Los científicos han descubierto que, para los escarabajos peloteros, esta mágica vista también es una excelente guía para hacer rodar un gran trozo de caca en la dirección correcta.

Los escarabajos peloteros recogen excrementos para comer y luego se los llevan rodando a toda pastilla para evitar que se los roben. Deben ir en línea recta, no sea que por error se den la vuelta hacia los posibles ladrones. Científicos de Suecia y Sudáfrica observaron que los escarabajos seguían **navegando** en noches oscuras y sin luna, así que decidieron realizar un experimento.

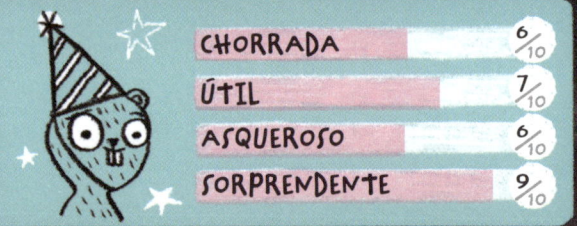

CHORRADA	6/10
ÚTIL	7/10
ASQUEROSO	6/10
SORPRENDENTE	9/10

Los científicos colocaron unos escarabajos peloteros en un estadio circular de 2 m de diámetro al aire libre encima de una mesa. El estadio tenía lados de un metro de altura para que los escarabajos no pudiesen orientarse por puntos de referencia cercanos.

LAS PRUEBAS DEL ESCARABAJO PELOTERO

En las noches con nubes, a los escarabajos les costaba mucho hacer rodar en línea recta sus pelotas de caca desde el centro hasta los extremos del miniestadio.

¿CÓMO VAS, DAVE? VENGA, A RODAR CACA OTRA VEZ.

Pero en las noches más despejadas y oscuras, lo hacían mucho más rápido de lo normal.

CARAMBA, DAVE, ¡ESTA NOCHE VAS COMO UN RAYO!

Los escarabajos peloteros son un poco cegatos, así que los científicos intuyeron que más que guiarse por estrellas en concreto, usaban la Vía Láctea.

¡OYE, TÚ! ¿A QUIÉN LLAMAS CEGATO?

Los científicos trasladaron el experimento al Planetario de Johanesburgo y pusieron el miniestadio bajo una proyección artificial del cielo nocturno, para poder así encender las estrellas y la Vía Láctea a placer.

Cuando apagaban las estrellas, los escarabajos aún podían desplazarse en líneas bastante rectas.

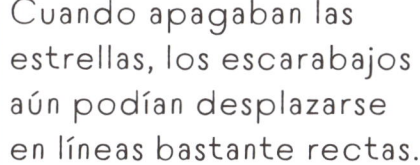

ESTO LO TENGO CONTROLADO.

Pero, cuando apagaban la Vía Láctea —aun dejando algunas estrellas—, a los escarabajos les costaba muchísimo más.

JOPE, ¡NO ME SALE!

Cuando volvieron a ponerlos bajo un cielo nocturno de verdad, les plantaron un sombrero diminuto para que no pudiesen ver ni las estrellas ni la Vía Láctea, así que acabaron deambulando en círculo sin rumbo fijo.

AY, NO, ¡OTRA VEZ LOS SOMBRERITOS DE LAS NARICES!

¡QUÉ MANERA DE PINTAR LA LUZ EN EL AGUA!

¿CREES QUE LLEVAN ALGO DE PICOTEO QUE LES SOBRE?

¡QUÉ TRAZOS MÁS INTENSOS!

¿ESTÁS TOTALMENTE SEGURO DE QUE ESTÁ DEL DERECHO?

CHORRADA	8/10
ÚTIL	4/10
ASQUEROSO	2/10
SORPRENDENTE	9/10

ARTE PALOMO

¿Sabrías distinguir un cuadro de Picasso de una obra maestra de Monet? ¡Pues las palomas sí! Unos científicos japoneses adiestraron a dos grupos de palomas y consiguieron que estas picotearan en un punto en concreto solo cuando les enseñaban cuadros de Picasso o de Monet.

A continuación, realizaron el experimento con cuadros distintos a los empleados para el adiestramiento y se reveló que las aves podían reconocer el estilo de cada artista prácticamente en el 90 % de los casos.

El arte cubista de Pablo Picasso casi siempre se caracteriza por colores fuertes y trazos nítidos e intensos. El arte impresionista de Monet suele utilizar colores más suaves y formas poco definidas. Sin embargo, cuando los científicos les enseñaron a las aves las mismas obras de arte en blanco y negro, desenfocadas y bocabajo, ¡la mayoría las identificó sin problemas!

Las palomas también reconocieron el estilo impresionista o cubista en obras de otros artistas, como Cézanne o Braque.

TECLADOS A PRUEBA DE GATOS

LIBGSOOWGÑAOFFABRRRR. Esto es lo que puede pasar como a tu gato le dé por pasearse por el teclado de tu ordenador. Pero como el gato pise las teclas de acceso directo adecuadas, ¡podría acabar por borrar archivos importantes, desinstalando programas y cargándose tu flamante ordenador!

Después de que la hermana del informático Chris Niswander tuviera un problema con su gato Amos, a él se le ocurrió crear el programa PawSense.

Niswander observó los movimientos de los gatos y empezó a mover huellitas de gato de cartón por un teclado. Después escribió un código para reconocer la «escritura felina», que a menudo son fuertes pulsaciones muy raras con combinaciones aleatorias de teclas.

Cuando PawSense detecta que por ahí pulula un gato, bloquea el teclado hasta que alguien pulsa un determinado botón o escribe «humano». Claro que, si tu gato resulta ser superlisto, ¡a lo mejor lo quieres dejar ahí para que te haga los deberes!

¡ERROR!

¡ARHHHHH! ¡OTRA VEZ NO, MISIFÚ!

CHORRADA	8/10
ÚTIL	7/10
ASQUEROSO	4/10
SORPRENDENTE	6/10

CHORRADA	6/10
ÚTIL	7/10
ASQUEROSO	1/10
SORPRENDENTE	6/10

PATITOS EN FILA INDIA

Muchas personas, al ver una fila de esponjosos patitos nadando detrás su madre, solo piensan: «¡Qué monada!». Pero el equipo de científicos que obtuvo este IG Nobel se preguntó: «¿Por qué?». Estudiaron familias de patos y otras aves acuáticas, usaron las matemáticas y vieron que, al ir en una única fila ordenada, los patitos ahorran energía.

Cuando un patito nada, se forman ondas en el agua. Estas mismas ondas empujan al patito hacia atrás: esta **fuerza** se denomina «resistencia al avance». Los científicos descubrieron que cuando un patito nada a cierta distancia tras mamá pato, puede aprovechar la ola que crea el cuerpo de esta.

Esto reduce muchísimo la resistencia al avance del patito, y así puede nadar con mayor facilidad. Y a una determinada distancia, hasta puede empujar al patito hacia delante. Cada patito de la fila transmite las olas a los que van detrás, y así todos pueden deslizarse como la seda. Eso sí, siempre que se mantengan juntos.

Vista del efecto de resistencia al avance de las olas en la fila de patitos.

¡MAMÁÁÁ, DILLON ME MIRA RARO!

¡QUE NO ME EMPUJES!

¿YA HEMOS LLEGADO?

CUBITOS DE CACA WÓMBAT

Los wómbats de nariz plana son **marsupiales** australianos totalmente adorables con un extraño don: son los únicos animales conocidos que hacen caca en forma de cubos. Algunos científicos creen que esto se debe a que a los wómbats marcan su **territorio** haciendo caca encima de rocas y troncos. Y a diferencia de las formas redondeadas, los cubos no ruedan.

Los wómbats no tienen el culo cuadrado, así que ¿cómo logran que sus excrementos tengan forma de cubo? Un equipo de científicos lo descubrió al estudiar **intestinos** de wómbats a los que por desgracia habían atropellado los coches. En la zona inferior del intestino de un wómbat hay partes elásticas y otras rígidas, que se comprimen a distintas velocidades para que la caca vaya convirtiéndose en cubo.

Cuando las heces del wómbat llegan a esta parte del intestino, están ya muy secas, porque ya han desaparecido casi todos los nutrientes y el agua. Esto ayuda a crear los bordes afilados y las esquinas de los cubos.

Los investigadores creen que estos hallazgos podrían inspirar la creación de productos con formas nuevas, e incluso ayudar a detectar el cáncer de colon en los humanos.

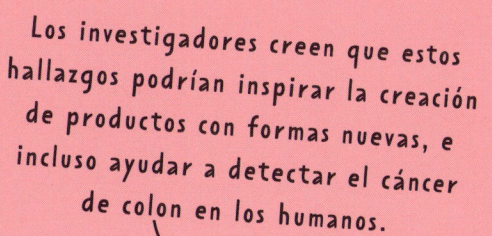

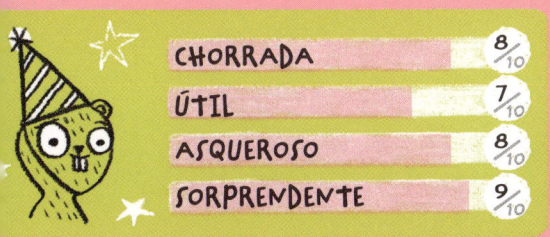

CHORRADA	8/10
ÚTIL	7/10
ASQUEROSO	8/10
SORPRENDENTE	9/10

RANAS LEVITANTES

Cuando la gente piensa en «levitación», casi siempre se imagina a una persona que, gracias a un truco de magia, flota por el aire. Lo que probablemente ni se le pasa por la cabeza es una pobre rana confundida, dando vueltas a unos 2 metros del suelo dentro de un imán inmensamente potente...

Aunque esta levitación parezca imposible, sí que lo es, ya que las ranas, como la mayoría de los seres vivos, son diamagnéticas. A ver, que te explicamos: una rana de por sí no es magnética, pero si la colocas cerca de un imán, sus **moléculas** crean un campo magnético propio, y este campo empuja contra el campo del imán.

Si metes una rana dentro de un campo magnético muy muy potente, la fuerza de las moléculas de la rana que tiran hacia arriba para alejarse del imán es mayor que la gravedad que las atrae hacia la Tierra. Esto significa que la rana se queda flotando en el aire, tal y como demostró el científico Andre Geim en una máquina **electromagnética** potentísima de su laboratorio.

¿QUÉ TAL TE SIENTA SER LA PRIMERA RANA DEL MUNDO EN LEVITAR?

¡HOMBRE, RARO ES!

Geim y su equipo intentaron levitar...

fresas, avellanas, tomatitos cherry, un pez, un saltamontes, un ratón y una rana.

Para ello, tuvieron que usar un imán gigante, unas 1.000 veces más potente que el imán de una nevera. Tuvieron éxito en todos los intentos, y la levitación no causó daño ni a los animales... ni a las plantas.

¡MIRA, MAMI, SIN MANOS... NI PIES!

Y, aunque aún no se ha probado, ¡hasta se podría levitar a una persona! Solo se necesitaría un imán extremadamente potente y una máquina lo suficientemente grande como para que cupiera dentro. ¿Qué? ¿Te animarías probarlo?

La ciencia detrás de la levitación tiene también otros usos potenciales muy interesantes, como el control de los **satélites** que orbitan alrededor de planetas, la construcción de trenes de alta velocidad más baratos y la creación de condiciones de ingravidez para poder realizar experimentos en la Tierra sin necesidad de ir al espacio.

CHORRADA		7/10
ÚTIL		9/10
ASQUEROSO		3/10
SORPRENDENTE		9/10

YUPIIIIIIIII

Diez años después de su premio IG Nobel, ¡Andre Geim ganó el premio Nobel de Física (por diferentes investigaciones)! Es la primera persona en obtener ambos premios.

¡CUESTIONARIO!

1 ¿Por qué los patitos van en fila india detrás de mamá pato?

2 ¿De qué forma es la caca de wómbat?

3 ¿Cómo logró el inventor del programa informático PawSense que este reconociera las huellas de los gatos?

4 Nombra tres seres vivos que el científico Andre Geim hizo levitar con un electroimán.

5 ¿Puedes nombrar a alguno de los artistas cuya obra pudieron identificar las palomas de un experimento?

6 ¿Los renos huyen más rápido de los científicos vestidos con ropa oscura de senderismo o con un disfraz blanco de oso polar?

7 ¿Cuál era el tipo de pez que los científicos escucharon tirarse pedos, aparentemente para comunicarse entre ellos?

8 ¿Para qué narices querría un científico recoger mocos de ballena?

9 ¿Cómo impidieron los científicos que los escarabajos peloteros en su experimento viesen la Vía Láctea?

10 ¿Quién salta más alto, una pulga del gato o una pulga del perro?

COMPRUEBA TUS RESPUESTAS EN LA PÁGINA 80.

¿CÓMO TE HA IDO?

CUERPOS RARUNOS

Nuestros cuerpos son alucinantes...
y a veces bastante repugnantes. Menos
mal que siempre nos queda la ciencia
para explicar los misterios de cómo
funcionan nuestros cuerpos.

PIES QUESEROS Y MOSQUITOS

¿Alguna vez te has quitado los calcetines después de un largo día y has notado un fuerte olor a queso podrido que tira para atrás? Aunque sea muy desagradable, el olor a pies es algo natural del ser humano..., pero en ciertas partes del mundo puede ser mortal.

Algunas hembras de mosquitos, al parecer, se sienten atraídas por el olor de los pies humanos. A menudo son portadoras de un **parásito** que causa la malaria, una enfermedad muy grave que pueden transmitir si te pican.

Dos científicos quisieron descubrir si los mosquitos se sentirían atraídos por el queso Limburger, conocido por su repugnante olor a pies. Montaron un experimento con dos trampas, y una olía a queso Limburger... ¡Casi todos los mosquitos cayeron en ella!

> GUAU, MARJORIE, ¡CON EL FESTÍN DE ESTE AÑO TE HAS SALIDO!

BOCATAS DE CALCETÍN SUDADO

> AY, ¡QUÉ DILEMA! ¡NO SÉ QUÉ COMER PRIMERO, SI LOS CALCETINES APESTOSOS O EL QUESO LIMBURGER!

> A MÍ ME VAN MÁS LOS CALCETINES... NO, EL QUESO ES MI PREFE. ¿O NO?!

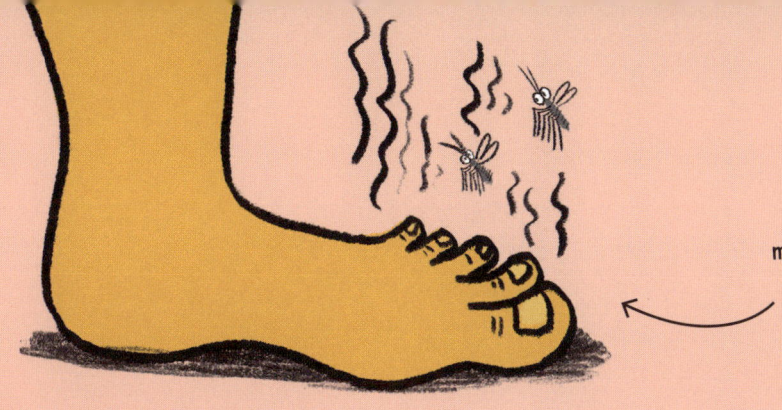

El queso Limburger madura en un ambiente húmedo a unos 32-34 °C, muy parecido al microhábitat de calor y transpiración que tenemos entre los dedos de los pies.
Mmm.

El resultado del experimento significa mucho más de lo que aparenta. El queso Limburger se elabora con **bacterias** parecidas a las que suelen encontrarse entre los dedos de los pies humanos.

Estas bacterias producen **ácidos grasos** similares, según el análisis de las muestras obtenidas de dedos de pies humanos (¡puaj!) y el olor del queso Limburger. Parece que determinados mosquitos se sienten atraídos por el olor de ciertos ácidos grasos de la piel humana.

Así que, aunque la ciencia detrás de todo esto del olor a pies pueda parecer una chorrada, en realidad podría salvar muchas vidas. Los científicos han **extraído** ácidos grasos del queso Limburger y otras sustancias para ayudar a desarrollar cebos que resulten irresistibles para los mosquitos. ¡Ojalá estas trampas atraigan y maten a los mosquitos portadores de la malaria antes de que puedan infectar a seres humanos!

CHORRADA	7/10
ÚTIL	9/10
ASQUEROSO	9/10
SORPRENDENTE	9/10

ANDA, ¡¿Y ESTA FRAGANCIA TAN DELICIOSA?!

TARTA DE QUESO LIMBURGER

¡OH, PESTE CELESTIAL!

SÉ QUE ME HUELEN LOS PIES

¿Crees que te huelen mal los pies? Pues pienses lo que pienses, ¡lo más seguro es que tengas razón! Resulta que un equipo de científicos japoneses descubrió que las personas que piensan que tienen mal olor en los pies, lo tienen, y las personas que piensan que no lo tienen, no lo tienen. Y esto no es tan obvio como podría parecer, ya que la forma en que nos vemos o nos olemos a nosotros mismos puede ser muy distinta a cómo nos ven o nos huelen los demás.

Este **estudio** sobre el olor a pies también contó con la participación de científicos que intentaban descubrir qué sustancias químicas en concreto provocan el mal olor. Un desdichado grupo de olfateadores fue el encargado de comparar el olor de distintas creaciones **artificiales** parecidas al olor a pies, y los científicos estudiaron qué sustancias químicas compartían con el auténtico «aroma a calceto sudado».

En los pies que peor olían, los científicos hallaron varios ácidos grasos, en especial el ácido isovalérico, que no estaba presente en los pies que no olían mal. Sabiendo esto, se podrían crear mejores desodorantes para pies... ¡Aleluya!

POR FAVOR, ¡SOLO QUIERO SUS CALCETINES SUDADOS!

¡POR LA CIENCIA!

Primero, los científicos pusieron a diez personas a hacer ejercicio unos 30 minutos. Después, metieron los calcetines sudados de todos en un **instrumental** de laboratorio durante cinco horas para aislar las sustancias apestosas.

CHORRADA	8/10
ÚTIL	6/10
ASQUEROSO	10/10
SORPRENDENTE	3/10

¡¡¡PUAJ!!!

HEDOR REAL

HEDOR FALSO

AGGGH, ¿QUIÉN SE HA TIRADO UN PEDO TAN ASQUEROSO?

YO NO, ¡MENOS MAL!

TEJIDO HERMÉTICO

FILTRO A PRUEBA DE HEDORES

ENTRADAS

El término científico para los pedos es «flatulencia».

A PRUEBA DE PEDOS

¡Todo el mundo se tira pedos! Es algo totalmente natural y, a veces, superdivertido. Pero hay ocasiones en las que preferirías no tirarte un pedo que huela a huevo podrido, ¿verdad? Algunas personas tienen afecciones médicas que les hacen tirarse muchos pedos incontrolables e hiperapestosos.

La mujer del psicólogo Buck Weimer, Arlene, era una de ellas, por lo que él pasó años investigando cómo ayudarla. Descubrió que el carbón activo era famoso por reducir los olores fuertes al absorber las sustancias químicas que los causan.

Y así inventó *Underease Underwear*, una ropa interior hermética que hace que los gases salgan a través de un **filtro** extraíble de carbón. Esta fina capa atrapa de forma segura las sustancias químicas malolientes, al tiempo que deja que pase el resto del gas.

Underease Underwear ya no existe, ¡pero la tecnología a prueba de pedos está más viva que nunca! Otras empresas aún venden ropa interior a prueba de pedos con filtros de carbón. De este modo, las personas con ciertas enfermedades pueden sentirse más cómodas para viajar y pasar tiempo con gente.

GIGANTE ANTIGÁS

Alan Kligerman se ha hecho multimillonario con sus inventos para combatir los gases, entre los que se incluyen LACTAID® y beano®.

LACTAID® está pensado para personas intolerantes a la lactosa, que a menudo sufren flatulencias, dolor de barriga y diarrea si comen o beben productos lácteos. Kligerman, que de joven era repartidor de leche, descubrió que la intolerancia a la lactosa es bastante común..., ¡ya que algunos no compraban leche porque les provocaba unos gases que no veas!

Después de estudiar ciencia de la leche en la universidad, Kligerman experimentó con una enzima para descomponer la lactosa de la leche y que las personas intolerantes pudiesen así disfrutarla.

Finalmente, creó LACTAID®, un **suplemento** que contiene una enzima llamada lactasa (con «a»), para tomarse si consumes lácteos. ¡A día de hoy, sigue siendo un éxito de ventas!

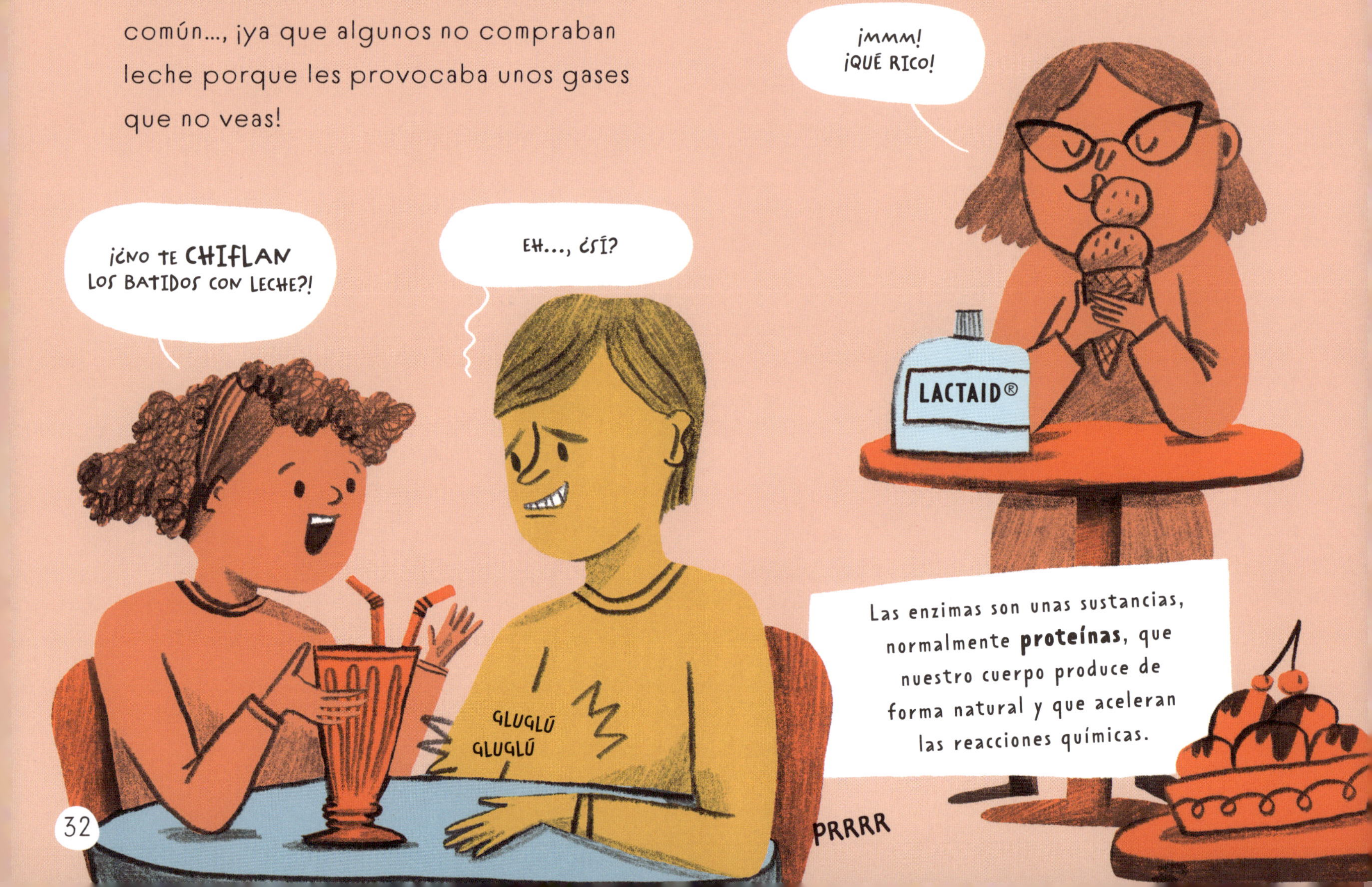

¡mmm! ¡QUÉ RICO!

¡¿NO TE **CHIFLAN** LOS BATIDOS CON LECHE?!

EH..., ¿SÍ?

GLUGLÚ GLUGLÚ

Las enzimas son unas sustancias, normalmente **proteínas**, que nuestro cuerpo produce de forma natural y que aceleran las reacciones químicas.

LACTAID®

PRRRR

Muchos alimentos y bebidas pueden provocar una acumulación de gases digestivos, ¡y hacen que te tires muchos pedos! Suelen contener **carbohidratos** que al intestino delgado humano le pueden resultar complicados de absorber o digerir. Cuando estos carbohidratos sin digerir pasan al intestino grueso, y las bacterias «amigas» los descomponen allí, provocan gases flatulentos.

Si tenemos ciertas enzimas en el intestino delgado, estas pueden ayudar a descomponer los alimentos antes de que lleguen al intestino grueso. Kligerman se basó en esto para crear beano®, un suplemento que contiene una de estas enzimas: la alfa-galactosidasa, que ayuda al cuerpo a descomponer las moléculas de los alimentos en el intestino delgado, y así se evitan los gases... ¡y los pedos!

Los alimentos que hacen que te tires pedos varían de una persona a otra, pero los más comunes son las judías blancas, los cacahuetes, las coles, las cebollas y el brécol.

33

LAS OREJOTAS DE LOS ABUELOS

CHORRADA	9/10
ÚTIL	2/10
ASQUEROSO	3/10
SORPRENDENTE	8/10

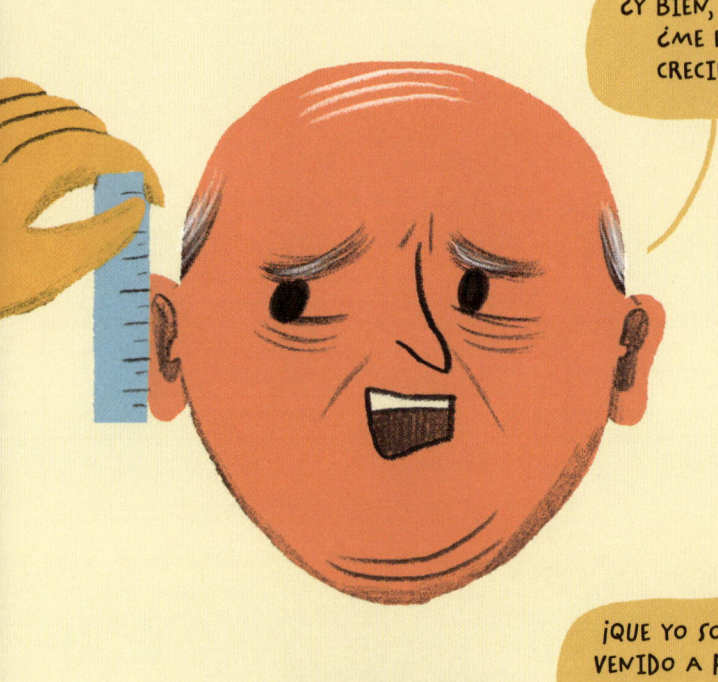

¿Y BIEN, DOCTOR? ¿ME ESTÁN CRECIENDO?

¡QUE YO SOLO HE VENIDO A POR LA VACUNA DE LA GRIPE!

Las orejas de los adultos crecen normalmente 1 cm a lo largo de 50 años. Vaya, ¡que sí se nota!

¿Alguna vez te has fijado en que los abuelos tienen las orejas bastante grandes? Un grupo de médicos de cabecera decidió averiguar si era cierto que las orejas de los hombres siguen creciendo a lo largo de su vida. Utilizaron a sus propios pacientes como sujetos de estudio..., ¡con su permiso, claro!

Los médicos midieron las orejas izquierdas de 206 hombres y mujeres seleccionados al azar, con edades comprendidas entre los 30 y los 90 años. Con una regla semitransparente, los médicos registraron la longitud (en milímetros) de la oreja de cada persona, desde la parte superior hasta el punto más bajo. Tras **analizar** las mediciones, descubrieron que, a medida que los adultos —¡no solo los hombres!— envejecen, las orejas crecen, de media, 0,22 mm cada año.

Posteriores estudios realizados en Italia y Japón también demuestran que las orejas de las personas crecen a lo largo de su vida. Entonces ¿es cierto que nunca nos dejan de crecer las orejas? Bueno, tal vez..., o puede que las orejas se caigan y alarguen con la edad, a medida que nuestra piel pierde elasticidad y la gravedad tira de ella hacia abajo.

1 cm

2 cm

3 cm

LOS ADOLESCENTES SE HURGAN LA NARIZ

¿Los adolescentes se meten el dedo en la nariz? Según el respetado psiquiatra doctor Chittaranjan Andrade, que junto al doctor B.S.Srihari estudió a 200 adolescentes, la respuesta es un rotundo y repugnante «¡sí!».

Casi todos los adolescentes que completaron la encuesta revelaron que se hurgaban la nariz. (Si hubiesen estudiado a los demás con cámaras ocultas, ¿a cuántos crees que habrían pillado con el dedo de viaje «nasal»?

Más o menos la mitad de los que confesaron hurgarse la nariz, lo hacían cuatro o más veces al día. Unos pocos más concienciados con el estudio (más del 7 %) dijeron que se metían el dedo en la nariz 20 o más veces al día. Y solo un pequeño número (4,5 %) admitió además comerse los mocos después. Y alrededor de una cuarta parte de todos los adolescentes dijeron que a veces hasta les sangraba la nariz por hurgársela. ¡AUUU!

Al parecer, en la ceremonia de entrega de los IG Nobel, el doctor Andrade dijo: «Hay gente que se mete en los asuntos de los demás. Yo me dediqué a meterme en las narices de los demás».

VENGA, COLEGAS, ¿A QUÉ JUGAMOS AHORA?

¡PUAJ!

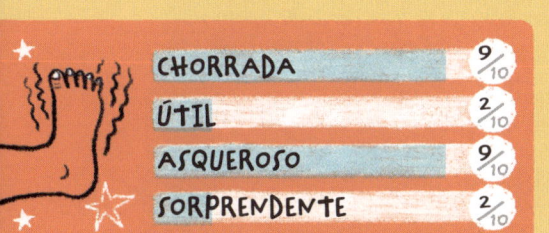

CHORRADA	9/10
ÚTIL	2/10
ASQUEROSO	9/10
SORPRENDENTE	2/10

EL MISTERIO DEL PELO VERDE

En la pequeña ciudad sueca de Anderslöv, algunas personas empezaron a notar de repente que su cabello, que solía ser rubio, ¡se estaba volviendo verde! Como es comprensible, no solo estaban alucinados, sino también nerviosos de que lo que fuera que estuviese causando aquello pudiese estar causando un daño mayor.

Le pidieron al ingeniero medioambiental Johan Pettersson que investigara el caso. Este analizó a fondo el suministro de agua de la ciudad, pero no encontró nada fuera de lo común. Entonces analizó el agua que salía de los grifos de las casas de las personas con el pelo verde y... ¡EUREKA! Esta agua contenía hasta cuatro veces la cantidad normal de cobre.

Resultó que todas las personas con el pelo verde vivían en casas de nueva construcción con tuberías de cobre que, al parecer, no habían quedado recubiertas del todo. Así que, cuando el agua permanecía en las tuberías durante la noche y luego se calentaba para las duchas, ¡absorbía tanto cobre que les teñía el pelo de un resplandeciente verde!

ANDA, ¿CÓMO ES QUE LLEVA EL PELO VERDE?

¡¡OIGA!! ¡QUE ME ESTOY DUCHANDO!

El cobre, al reaccionar con el oxígeno, se vuelve verde con el tiempo. La famosa y muy verde estatua de la Libertad de Nueva York está hecha de cobre... ¡y en su origen era de color marrón rojizo!

CHORRADA	7/10
ÚTIL	7/10
ASQUEROSO	6/10
SORPRENDENTE	8/10

¡BRRRR!

CHORRADA	8/10
ÚTIL	2/10
ASQUEROSO	7/10
SORPRENDENTE	1/10

ROPA INTERIOR MOJADA

Lo normal es que pienses que llevar la ropa interior mojada cuando hace frío te haga tiritar o estar a disgusto, ¿verdad? Pero la ciencia puede resultar sorprendente, así que siempre vale la pena comprobar lo que a ti te parece de sentido común.

Las ocho personas que participaron en este experimento llevaron ropa interior larga mojada o seca y se sentaron en una cámara de frío una hora entera. Se les tomó la temperatura corporal durante todo el proceso. Además, rellenaron formularios cada 10 minutos, respondiendo a preguntas tales como lo mojada o seca que notaban la ropa interior, cuánto sudaban y/o temblaban y lo cómodos que se sentían.

Los resultados, nada sorprendentes, pero ahora científicamente probados, revelaron que sentarse con la ropa interior mojada hace que sientas frío, humedad y una incomodidad inmensa. ¡Menudo descubrimiento! (Cualquiera que haya hecho gimnasia en un día frío y lluvioso de invierno podría habértelo dicho).

La ropa interior estaba disponible en diferentes grosores y tejidos, incluyendo lana, algodón y plástico. Si bien el material resultó poco relevante, la ropa interior más gruesa sí que era más cómoda.

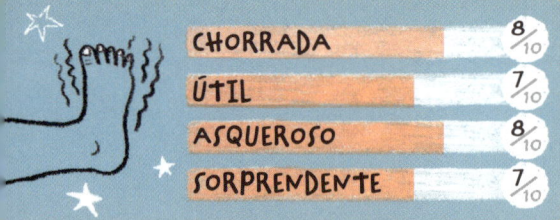

CHORRADA	8/10
ÚTIL	7/10
ASQUEROSO	8/10
SORPRENDENTE	7/10

La máquina cambiapañales está diseñada para almacenar hasta 10 pañales sucios sin que se salga el olor.

MÁQUINA CAMBIAPAÑALES

¿Sabías que un recién nacido puede necesitar que le cambien el pañal más de diez veces al día? Por suerte, el doctor en ingeniería Iman Farahbakhsh ha inventado una máquina automática para cambiar pañales y lavar culitos para ayudar a padres y madres agotados (probablemente con caca hasta en las orejas).

La máquina aún está en fase de desarrollo, pero su diseño ha sido patentado (esto quiere decir que la ley lo protege contra su uso o copia sin permiso). Emplea piezas robóticas para realizar automáticamente todos los pasos que implica cambiar a un bebé: quitar el pañal sucio, lavar el trasero del bebé, secarlo con aire caliente y ponerle un pañal limpio. ¡Todo con solo pulsar un botón!

El proceso entero dura unos dos minutos, y la máquina ha sido diseñada para reproducir música y dibujos animados y así mantener al bebé tranquilito y entretenido. Y a ti, ¡¿te gustaría estar dentro de una máquina que te lave y seque el pandero de manera automática?!

UNA GENIALIDAD DE VÁTER

Hoy en día, la tecnología **inteligente** nos sirve para rastrear y analizar todo, desde cómo dormimos hasta si hacemos suficiente ejercicio. Pero ¿qué pasa con nuestro pis y nuestra caca? Puede que parezca cachondeo, pero en realidad esas sustancias dicen mucho sobre nuestra salud.

La idea de un «retrete inteligente», capaz de analizar muestras de orina (pis) y heces (caca), existe desde la década de 1970. Pero el inodoro de Stanford es uno de los ejemplos recientes más impresionantes. Cuenta con todo tipo de aparatos de prueba, incluyendo tiras reactivas para analizar la orina y un sistema informático para comparar las heces con los siete tipos de la escala de Bristol, que observa la consistencia de las heces, desde bolitas secas y duras hasta totalmente líquidas.

El inodoro de Stanford también analiza cuándo y durante cuánto tiempo lo usa una persona, e incluso una cámara puede identificar quién es. Y es que, al parecer, cada trasero es único, ¡igual que una huella dactilar!

¡ENHORABUENA!

TU CACA ES:

Las pruebas que ofrece el inodoro de Stanford podrían ayudar a detectar desde infecciones hasta ciertos tipos de cáncer. Durante la pandemia del COVID-19, ¡los científicos llegaron a valorar la posibilidad de usar inodoros inteligentes para realizar los tests de antígenos!

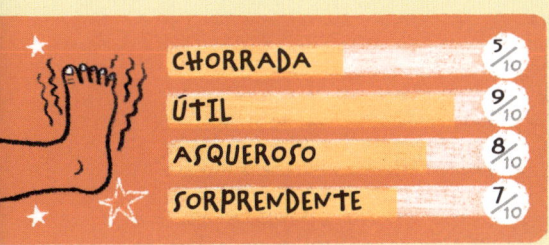

CHORRADA	5/10
ÚTIL	9/10
ASQUEROSO	8/10
SORPRENDENTE	7/10

BAILA CON EL HULA HOOP

CHORRADA	9/10
ÚTIL	3/10
ASQUEROSO	1/10
SORPRENDENTE	7/10

¿Eres capaz de mantener un *hula hoop* dando vueltas alrededor de tu cintura? ¡No es tan fácil como parece! Dos prestigiosos científicos analizaron los distintos movimientos y fuerzas que intervienen cuando gira un *hula hoop* y descubrieron que, en realidad, es toda una demostración complicadísima de equilibrio.

Para evitar que el *hula hoop* se caiga al suelo, hay que aplicar fuerza en dos direcciones a la vez: horizontalmente para que no deje de girar y hacia arriba para evitar que caiga. La mayoría de la gente usa las caderas y los tobillos para el movimiento circular y las rodillas para la fuerza ascendente.

Incluso cuando el aro gira suavemente, se trata de un equilibrio inestable. Los científicos descubrieron que, cuando los usuarios de *hula hoop* se distraían, el sistema cadera-tobillo y el sistema rodilla perdían el ritmo con facilidad. A veces podían volver a recuperar el equilibrio del aro moviéndose un poco más rápido, pero otras veces se caía al suelo.

¡BAILA CON EL HULA HOOP!!

¡GUAU! ¡GUAU!

FIDO, ¡HE PERDIDO EL RITMO POR TU CULPA!

Una australiana llamada Marawa Ibrahim ostenta el récord mundial de *hula hoop*: ¡es capaz de hacer girar 200 a la vez!

¡¡¿PERO DE DÓNDE
SALE TANTA PELUSA
AZUL?!!

CHORRADA	9/10
ÚTIL	1/10
ASQUEROSO	8/10
SORPRENDENTE	7/10

LA PELUSA DEL OMBLIGO

Un día, un hombre llamó a un programa sobre ciencia de la radio australiana para hacerle al presentador, el doctor Karl, dos preguntas superimportantes: «¿Por qué tengo pelusa en el ombligo? ¡¿Y por qué es azul?!».

El doctor Karl no tenía ni idea del porqué y no pudo encontrar ningún estudio científico sobre el tema. Así que, ¡el equipo del programa decidió que harían su propia encuesta online! Pasados dos meses, obtuvieron casi 4.800 respuestas.

Con ellas se demostró que solo dos de cada tres personas tenían pelusa en el ombligo. Los que más tenían eran las personas mayores, con mucho pelo, hombres y con el ombligo hacia dentro (en vez de salido).

Una de las teorías es que el vello del abdomen atrapa la pelusa de la ropa y la lleva hasta el ombligo. Sin embargo, algunas personas con poco o nada de pelo en la barriga también tenían pelusa.

Muchas prendas de ropa son de color azul, lo que podría explicar el color azul de la pelusa del ombligo de la persona que llamó. Pero, misteriosamente, ¡dos de cada tres personas dijeron que el color de su pelusa azul no coincidía en absoluto con el de su ropa!

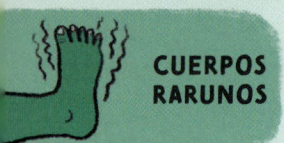

¡CUESTIONARIO!

1 ¿Cómo se evita que un *hula hoop* se caiga al suelo?

2 ¿Se hacen más grandes las orejas de las personas a lo largo de su vida?

3 ¿Qué queso es el que más huele a pies apestosos?

4 Nombra uno de los accesorios inteligentes del inodoro de Stanford.

5 ¿Cuál fue el porcentaje de adolescentes que en un estudio admitió que se comía los mocos?

6 ¿Qué enzima puede descomponer la lactosa de la leche? (Pista: ¡solo se diferencia en una letra!).

7 ¿Qué creen los científicos que puede causar el ácido isovalérico?

8 Si alguien tuviese que sentarse con la ropa interior mojada, ¿se sentiría más o menos cómodo si la tela de la ropa fuese más gruesa?

9 ¿Cuál fue el metal por el que a la gente de Anderslöv en Suecia se le puso el pelo verde?

10 ¿De qué está compuesto el filtro antiolor de *Underease Underwear*?

COMPRUEBA TUS RESPUESTAS EN LA PÁGINA 80.

¿CÓMO TE HA IDO?

TODO A TU GUSTO

¿Por qué los científicos dedican tanto tiempo a estudiar los alimentos? ¡Pues porque todos necesitamos comer!

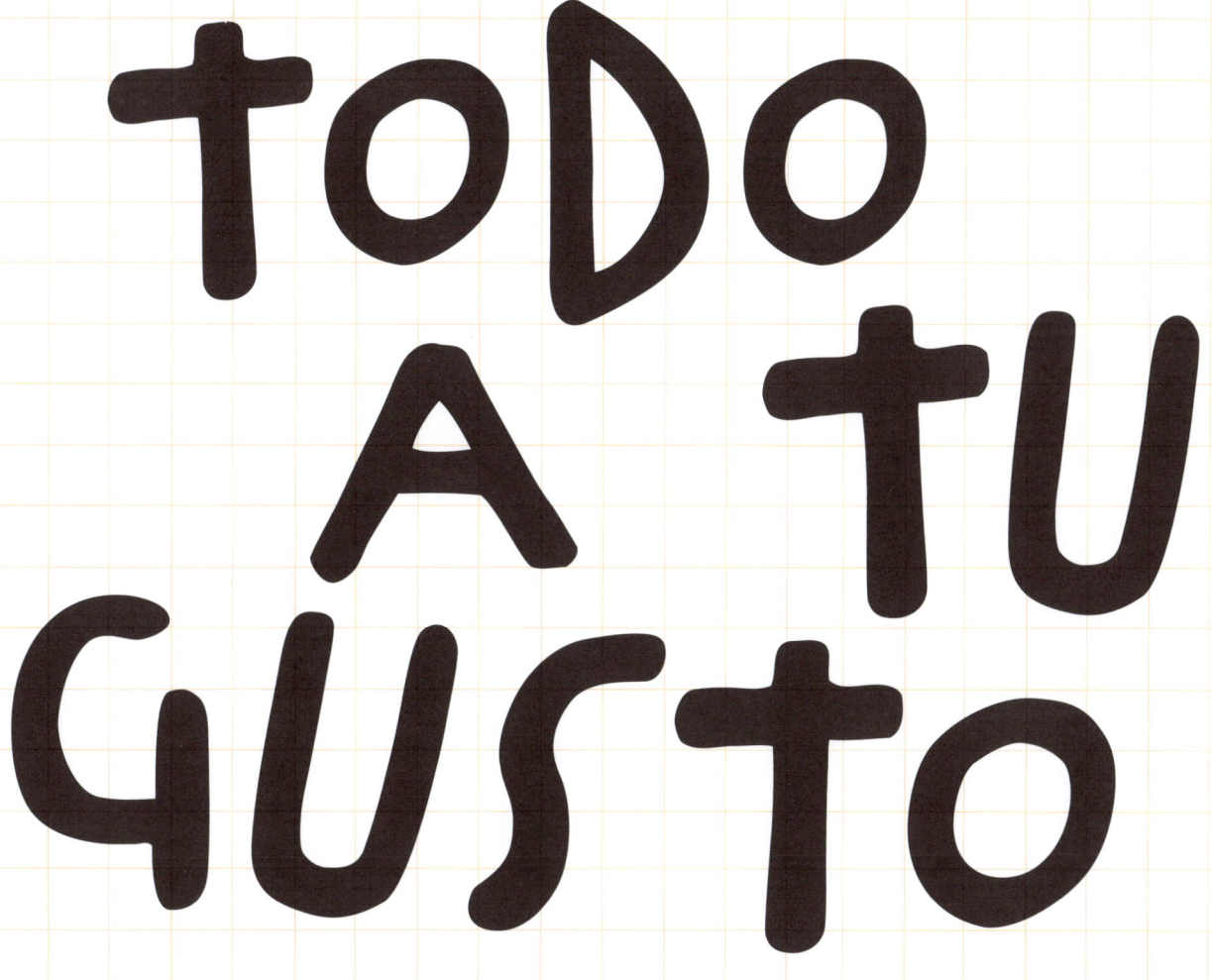

GALLETA A REMOJO

¿Te gusta mojar galletas en la leche o en una taza de chocolate calentito? Si es así, ¿alguna vez has visto cómo de repente tu galleta mojada se rompe en pedazos y se convierte en una triste masa apelmazada al fondo de la taza? ¡Toda una tragedia!

Por suerte, el doctor Len Fisher ha estudiado la física detrás del acto de mojar galletas y ha publicado su método científicamente probado. En lugar de sujetar la parte superior de la galleta y mojarla verticalmente, el truco consiste en apretar suavemente el borde exterior de la galleta y sumergirla horizontalmente, como si la estuvieras colocando sobre la superficie de la bebida.

Con cualquiera de los dos métodos de inmersión, la bebida debe estar lo suficientemente fría como para no achicharrarte los dedos. Una galleta mojada de la forma habitual, en vertical, solo dura entre 3,5 y 5 segundos, dependiendo del tipo que sea. Pero una galleta «mojada científicamente» dura entre 14 y 20 segundos antes de deshacerse. ¡Victoria aplastante!

Para que el remojo dure todavía más, Fisher recomendaba usar una galleta recubierta de chocolate por un lado y mantener el lado con chocolate hacia arriba.

CREO QUE MOJAR ASÍ ES MUCHO MEJOR... ¡Y PUEDO DEMOSTRARLO!

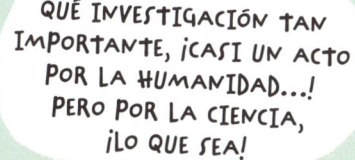

CHORRADA	8/10
ÚTIL	6/10
ASQUEROSO	3/10
SORPRENDENTE	7/10

¡Estos estudios han demostrado que mojar las galletas puede hacer que sepan mucho mejor! Al parecer, tenerlas en remojo más tiempo potencia mucho el sabor. Aunque la combinación de galleta y bebida también influye.

Entonces ¿cuál es la ciencia detrás del «remojo científico»? En primer lugar, una galleta está compuesta básicamente por granitos de almidón, unidos entre sí por el azúcar. Cuando la mojas, los agujeritos y túneles que hay entre las migas absorben el líquido.

Este hace que los granos de almidón se hinchen y se ablanden, provocando que la parte húmeda de la galleta se debilite y se rompa. Los líquidos calientes además disuelven el «pegamento» de azúcar de la galleta, por lo que se rompe más rápido aún.

Para evitar que una galleta en remojo se deshaga, es necesario que parte de ella permanezca seca. En una inmersión al uso, el líquido empapa la galleta entera más rápido que en un remojo científico.

Esto es porque, en la inmersión de toda la vida, el líquido se encuentra a ambos lados de la galleta, por lo que solo tiene que recorrer la mitad de la galleta para empaparla por completo. En una inmersión científica, el líquido tiene que recorrer todo el grosor de la galleta, es decir, el doble de distancia, para lograrlo.

Té — galleta
REMOJO TÍPICO

Té — galleta
REMOJO CIENTÍFICO

QUÉ INVESTIGACIÓN TAN IMPORTANTE, ¡CASI UN ACTO POR LA HUMANIDAD...! PERO POR LA CIENCIA, ¡LO QUE SEA!

¡QUÉ BIEN SUENA MI COMIDA!

Imagina que le das un bocado a dos manzanas **idénticas**, primero una y luego otra. La primera manzana cruje con alegría, pero con la segunda solo oyes un ruido blando y húmedo. ¿Con cuál crees que disfrutarías más?

Nuestro sentido del gusto no va por libre: tanto el aspecto como el olor de las cosas surten gran efecto en él. Y según un estudio de 2005, ¡también el sonido de los alimentos puede alterar el sabor!

Dos científicos les pidieron a varios voluntarios que comieran patatas fritas con unos auriculares puestos y sentados frente a un micrófono. Los micrófonos captaban el sonido de las patatas al morderlas, antes de que llegara a los auriculares. A veces modificaban los ruidos electrónicamente para que sonaran más altos y con un tono más agudo.

A los voluntarios se les pidió que votaran pisando unos pedales en función de lo crujientes y frescas que les hubiesen parecido las patatas. Los científicos descubrieron que, cuando el sonido era más fuerte y agudo, la gente pensaba que las patatas fritas tenían un sabor más crujiente y fresco.

Los voluntarios tenían que morder cada patata frita solo una vez y con los dientes de delante. Esto hacía que con cada mordisco, la sensación fuese siempre lo más parecida posible.

CHORRADA	8/10
ÚTIL	5/10
ASQUEROSO	4/10
SORPRENDENTE	7/10

¡CRUNCH! ¡CRUNCH!

CHORRADA	7/10
ÚTIL	8/10
ASQUEROSO	10/10
SORPRENDENTE	7/10

¡UN SEGUNDÍN, QUE NECESITO UNA MUESTRA!

¡ARGH, QUÉ ASSSCO!

BACTERIAS EN LOS CHICLES

Hay algo repugnante que las calles de las ciudades de todo el mundo tienen en común: chicles chuperreteados pegados por la acera. ¡Puaj!

En España, un equipo de científicos se planteó si las bacterias que hay en un chicle eran las mismas en todas partes. Analizaron pedazos de chicles masticados tirados por cualquier sitio en España, Francia, Singapur, Grecia y Turquía, raspando fragmentos de cada trozo a intervalos regulares durante doce semanas.

Independientemente de la ubicación, descubrieron que después de escupir el chicle, este acababa cubierto casi por entero con tipos similares de bacterias orales (de la boca). Pero al cabo de unas semanas, las reemplazaban bacterias del nuevo entorno del chicle, y estas sí que solían variar mucho de un lugar a otro.

Algunas bacterias orales permanecían adheridas a los chicles pegados durante un tiempo sorprendentemente largo. ¡Saber esto puede ser muy útil para ayudar a resolver determinados delitos!

PRUEBA 2.17 (DEBAJO DE LA MESA)

CHORRADA	6/10 ⭐
ÚTIL	2/10
ASQUEROSO	9/10
SORPRENDENTE	9/10

CAFÉ DE CACA DE CIVETA

Si te hablamos del café más caro del mundo, que cuesta al menos 50 euros la taza, es posible que te lo imagines cubierto de pan de oro o con diamantes de verdad espolvoreados. Pero, en realidad, ¡es caca lo que lo hace que sea tan caro!

El *kopi luwak* se elabora a partir de bayas de café que un animal llamado civeta o *luwak* primero se come, después digiere y por último... defeca. En Indonesia es un manjar muy escaso. Fuera del país, no lo conocía prácticamente nadie hasta que personas como John Martínez (que ganó el IG Nobel por su trabajo) comenzaron a venderlo en Estados Unidos y otros países.

Los amantes del café dicen que este es único, con un gusto muy suave, en parte porque la civeta solo se come las bayas más maduras y de mejor calidad, la muy lista. Otros expertos en café dicen que sabe fatal, y que la gente solo paga semejante pastizal por lo curioso de la historia.

Después de que la civeta expulse los granos de café con sus heces, estos se limpian (¡menos mal!), se dejan secar y al final se tuestan.

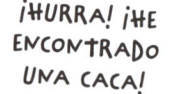

¡HURRA! ¡HE ENCONTRADO UNA CACA!

CAFÉ DE CIVETA

Cuando el *kopi luwak* se hizo tan famoso, se empezaron a cazar civetas salvajes para meterlas en jaulas en unas condiciones deplorables. Los grupos animalistas han convencido a muchas tiendas y cafeterías para que lo dejen de vender. ¡BRAVO!

VACAS CON NOMBRE

Si tú fueses ganadero o ganadera, ¿qué nombres les pondrías a tus vacas? Los clásicos nunca defraudan, como Bessie o Clarisa, y si hay una muy vivaracha, ¡llamarla Batida sería todo un acierto! Elijas lo que elijas, lo cierto es que el hecho de ponerles nombre significa, supuestamente, que producirán más leche.

Unos científicos les preguntaron a más de 500 ganaderos del Reino Unido cómo gestionaban sus rebaños, y si, por ejemplo, les ponían nombre o no. Prácticamente la mitad sí lo hacían, ¡y estas vacas daban más de 250 litros (unos 1.000 vasos) de leche más al año!

Lo más seguro es que esto se deba a que, al ponerles un nombre a sus vacas, las tratan con más cariño y las cuidan de una en una. Este detalle tan personal puede hacer que las vacas estén más contentas y relajadas. Y muchos estudios han demostrado que los sentimientos de las vacas hacia unos dueños afectuosos influyen en la cantidad de leche que producen.

CHORRADA	7/10
ÚTIL	9/10
ASQUEROSO	2/10
SORPRENDENTE	8/10

¡OS QUIERO, AMIGUITAS!

MIKE

DAISY

MABEL

49

CHUPACHUPS DE ROCAS

¿Qué pensarías si vieses a alguien coger un pedrusco de la carretera y meterle un lametón? Seguramente no sería «¡Anda, un científico trabajando!». Pero en realidad sí que hay muchas razones por las que a los científicos, sobre todo a los geólogos y paleontólogos, lamer rocas les sirve de mucho.

Jan Zalasiewicz, geólogo y paleontólogo, ganó el IG Nobel por explicar cómo lamer rocas puede facilitar detectar los **fósiles** (restos de seres vivos) y **minerales** (como metales y gemas) que contienen. También habló de cómo los científicos, sobre todo en el pasado, han tenido que usar el sentido del gusto para describir e identificar diferentes tipos de rocas.

Los geólogos estudian la Tierra sólida en sí, mientras que los paleontólogos estudian la historia de la vida en la Tierra. Eso sí, ¡ambos se pasan horas y horas mirando rocas!

¡mmm! ¡SALADITO!

LAMIDAS

PARA LAMER

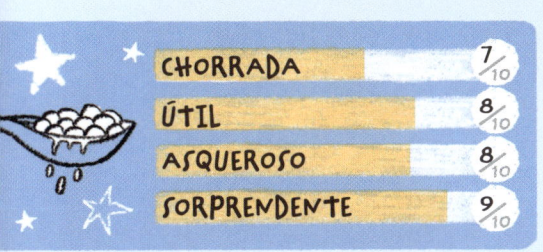

CHORRADA	7/10
ÚTIL	8/10
ASQUEROSO	8/10
SORPRENDENTE	9/10

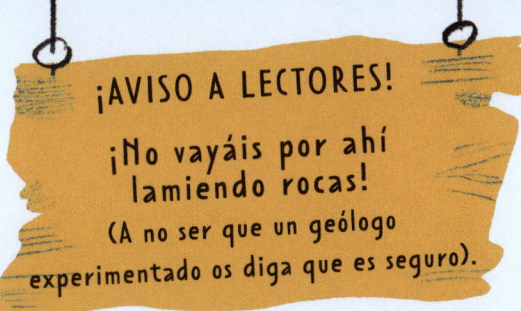

¡AVISO A LECTORES!

¡No vayáis por ahí lamiendo rocas!

(A no ser que un geólogo experimentado os diga que es seguro).

TODO A TU GUSTO

Las rocas están compuestas por uno o más minerales, y algunos tienen sabores muy característicos. El mineral halita tiene un sabor salado; es más, ¡se usa para fabricar sal de mesa! Por eso, puede que veas a algún científico lamiendo rocas para ver si contiene halita. Si una roca es salada y amarga a la vez, lo más seguro es que contenga otro mineral llamado silvita. Uf, la silvita no suena lo que se dice apetecible, ¿verdad?

Lamer rocas ya no está tan de moda como antes, pues hoy en día las herramientas para identificarlas han mejorado muchísimo y, además, son más pequeñas y baratas. También hay que saber que lamer algunas rocas puede ser peligroso, como la galena, ¡que contiene **plomo** venenoso!

La lengua humana es muy sensible tanto a la textura como al sabor, y eso a los científicos les resulta muy útil. Pueden lamer o masticar una pizca de sedimento (roca pulverizada) para determinar el tamaño de los granos que contiene. Las partículas de arena resultan bastante duras y afiladas, mientras que las partículas de arcilla se parecen más al barro. Y si los científicos lamen parte de una roca y se les queda la lengua pegada, ¡podría ser un hueso fosilizado! Los huesos están llenos de agujeros diminutos, lo que les da una textura rugosa en la que la lengua puede engancharse con facilidad.

NATACIÓN SIROPIZADA

¿Crees que podrías nadar más rápido en una piscina llena de agua o de sirope? Pues guárdate este último para las tortitas, ¡porque dos científicos ya se han encargado de averiguarlo por ti! Llenaron una piscina con un líquido similar al sirope y cronometraron a 16 voluntarios que se pusieron a hacer largos en ella.

Los voluntarios también nadaron en una piscina normal llena de agua, los científicos compararon los resultados y ¡descubrieron que los nadadores iban igual de rápido por el agua que por el sirope! Con el sirope, el nadador experimenta más resistencia (fuerza de empuje del líquido), pero como también tiene más densidad, cada brazada produce una fuerza mayor hacia adelante.

Como estos dos efectos se anulan entre sí, la conclusión resulta muy similar a nadar en el agua. Aunque esta ciencia pueda parecer una tontería, en realidad nos ayuda mucho a responder preguntas importantes sobre cómo actúan las fuerzas en los líquidos. El famosísimo científico Isaac Newton ya escribió sobre cómo la densidad de un líquido puede afectar a la velocidad de un objeto que va por él. Eso sí, ¡el bueno de Isaac jamás llenó una piscina con sirope!

CHORRADA	9/10
ÚTIL	8/10
ASQUEROSO	8/10
SORPRENDENTE	10/10

VENGA, ¡UN ÚLTIMO LARGO Y YA TE PUEDES DUCHAR!

Para hacer el sirope, los científicos mezclaron agua con goma guar, un espesante comestible. La goma formó una especie de espuma viscosa que parecía mocos en la superficie del agua. Vamos, ¡un manjar!

AYSSS... ¡QUÉ PRINGUE!

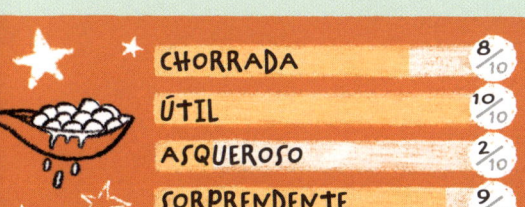

Pista: ¡Este experimento NO te saldrá si usas espaguetis blandurrios cocidos!

ESPAGUETI QUEBRADIZO

Si quieres hacer tu propio experimento al estilo premios IG Nobel, solo necesitas un puñadito de espaguetis secos y unas gafas protectoras. Sin quitártelas en ningún momento, solo has de coger un espagueti seco por los dos lados e ir doblándolo hasta que se rompa. ¿Qué sucede?

¿A que el espagueti se ha roto en tres o más trozos? Pues esto, que es lo que ocurre casi siempre, tenía alucinados a los mejores científicos desde hace décadas, ya que objetos muy parecidos, duros y con forma de palo, como los lápices, suelen partirse en dos.

Así que una serie de experimentos posteriores probaron que, cuando una varilla larga y delgada se curva con fuerza y se suelta (como cuando partes el espagueti), una ráfaga de ondas muy potentes curva la varilla todavía más antes de que vuelva a enderezarse. Allá donde la curva es demasiado intensa, el espagueti se rompe tan rápido que parece que se ha partido en todas partes a la vez.

Puede que parezca una chorrada, ¡pero este estudio con los espaguetis podría salvar muchas vidas! Ayuda a los científicos a comprender cómo se pueden llegar a romper otras estructuras largas y **quebradizas**, desde puentes a huesos humanos.

CEREALES BLANDURRIOS

CHORRADA		8/10
ÚTIL		4/10
ASQUEROSO		6/10
SORPRENDENTE		2/10

¿No odias cuando estás desayunando que tus cereales crujientes favoritos se te queden blandurrios antes de que puedas terminarlos siquiera? Aunque los científicos aún no han resuelto esta húmeda tragedia, sí que han usado equipos de última tecnología para averiguar cómo y por qué ocurre.

Un grupo de científicos del Reino Unido investigaron cómo afecta al crujiente de los copos de cereales para el desayuno el contacto con el líquido. Tras remojar algunos copos durante diferentes períodos de tiempo, los aplastaron dentro de una máquina diseñada para aplicar de manera constante una fuerza que pudiese medirse con exactitud. Por último, usaron otra máquina para calcular la cantidad de líquido que contenían los copos de cereales.

Los científicos descubrieron que un copo es capaz de absorber solo una cierta cantidad de líquido sin perder su crujiente textura. Más allá de este punto, el copo se pone cada vez más blandurrio, y lo hace aún más rápido cuando el contenido de agua del copo pasa del 12 % al 18 %.

QUE YA ME VOY AL COLE, ¡PERO TENGO QUE ACABAR ESTE EXPERIMENTO PRIMERO!

En los experimentos, los científicos prefirieron usar agua en vez de leche. Se supone que esta debería tener el mismo efecto, pero ¡no estaría de más que alguien lo comprobara! ¿Te animas?

TOSTADAS ACRÓBATAS

¿Alguna vez te has fijado en que, si se te cae una tostada, casi siempre acaba en el suelo por el lado que tiene la mantequilla? «¿POR QUÉ?», te preguntarás, mientras recoges con tristeza tu tostada llena de pelusas.

A lo mejor pensabas que, al igual que cuando lanzas una moneda al aire, tu rebanada de pan tiene un 50 % de probabilidades de caer por cualquiera de los dos lados. Sin embargo, el científico Robert Matthews se dio cuenta de que, a diferencia de las monedas, cuando las tostadas se caen, lo hacen desde un plato, una mesa o desde la mano de alguien, y no después de que se lancen al aire.

Como la tostada se coloca en el plato con la mantequilla hacia arriba, Matthews calculó que desde tan poca altura, no tiene tiempo de dar una vuelta completa. Solo consigue dar media, así que lo más probable es que sea el lado untado con mantequilla el que caiga al suelo bocabajo.

En 2001, participaron más de 1.000 niños y niñas en un experimento que quería poner a prueba la teoría de Matthews. ¡La tostada cayó con la mantequilla hacia abajo aproximadamente 6 de cada 10 veces!

CHORRADA	8/10
ÚTIL	4/10
ASQUEROSO	7/10
SORPRENDENTE	8/10

¡AYYY, MI TOSTADA!

55

CHORRADA	6/10	☆
UTIL	8/10	
ASQUEROSO	8/10	
SORPRENDENTE	7/10	★

LA REGLA DE LOS CINCO SEGUNDOS

Puede que cuando a alguien se le cae la comida al suelo, le hayas oído gritar «¡La regla de los cinco segundos!», justo antes de recogerla y zampársela. Hasta tú puede que lo hayas hecho en alguna ocasión. La creencia es que las bacterias no se abalanzan enseguida sobre lo que se ha caído, por lo que se puede comer sin peligro siempre que se recoja a toda mecha.

Cuando Jillian Clarke estaba en secundaria, ganó un premio IG Nobel por llevar a cabo la primera investigación de la que se tiene constancia sobre la regla de los cinco segundos. Mientras participaba en un programa de orientación de la uni, cubrió baldosas del suelo con bacterias y colocó encima varios alimentos durante periodos de tiempo distintos. Las bacterias sí que se transfirieron a algunos de los alimentos, incluyendo una galleta y un osito de goma, en menos de cinco segundos. ¡Y esto es una noticia espantosa para quienes se les cae la comida cada dos por tres!

¡OYE, CUESTA CORRER POR LA MOQUETA!

¡QUE VIENE! ¡VENGA, DEPRISA!

Si bien la regla de los cinco segundos no tiene mucho fundamento, los científicos sí han descubierto factores que influyen en la rapidez con la que se transmiten las bacterias, como el tipo de alimento que se cae, el material del suelo... y, sobre todo, el grado de guarrería que tenga.

¡AAAAAAAAH!

RESBALAR CON UNA CÁSCARA DE PLÁTANO

CHORRADA	9/10
ÚTIL	8/10
ASQUEROSO	6/10
SORPRENDENTE	7/10

Seguro que en algún momento has visto a un personaje en los dibujos animados que resbala con una cáscara de plátano y se estampa contra el suelo. Pero ¿de verdad son tan resbaladizas las cáscaras de plátano? ¡Un equipo de científicos japoneses hizo una serie de experimentos para descubrirlo!

Uno de los científicos aplastó una cáscara de plátano que había sobre un trozo de suelo de **linóleo**. El suelo estaba conectado a dispositivos diseñados para medir diferentes fuerzas, incluida la **fricción**.

La fricción entre la cáscara de plátano y el suelo era aproximadamente seis veces menor que la del zapato sobre el suelo. Esto significaba que la cáscara de plátano era seis veces más resbaladiza que el suelo.

Los científicos creen que esto se debe en gran parte a que ¡las células del interior de las cáscaras de plátano segregan una mucosidad resbaladiza (un líquido espeso parecido a los mocos) al pisarlas!

Esta investigación ha ayudado a los científicos a comprender cómo la mucosidad contribuye al correcto movimiento de las articulaciones (donde se unen los huesos), para poder así diseñar articulaciones artificiales más efectivas.

¡CUESTIONARIO!

1 Gracias a los experimentos con resbalones por cáscaras de plátanos, ¿qué podrían diseñar los científicos?

2 ¿De qué animal es la caca usada para elaborar el café más caro del mundo?

3 Si doblas un espagueti hasta que se rompa, ¿suele partirse en dos?

4 ¿Por qué es más probable que una tostada caiga con la mantequilla hacia abajo?

5 Si un científico lame una roca y se le queda la lengua pegada, ¿qué podría significar?

6 ¿Las bacterias siempre tardan más de cinco segundos en transferirse a la comida que se cae al suelo?

7 ¿Cuál es la cantidad de leche que producen de más las vacas con nombre?

8 ¿Se nada mucho más despacio en sirope que en agua?

9 Si una galleta está recubierta de chocolate por un lado, ¿se puede mojar durante más tiempo?

10 ¿Cómo se puede utilizar el chicle para resolver delitos?

COMPRUEBA TUS RESPUESTAS EN LA PÁGINA 80.

¿CÓMO TE HA IDO?

CURIOSA MENTE

No hay duda de que el cerebro humano es muy inteligente, ¡pero aun así puede caer en alguna que otra trampa! Los científicos no dejan de buscar nuevas formas de descubrir cómo pensamos en realidad.

EL GORILA INVISIBLE

Si estuvieses viendo un vídeo de gente jugando al baloncesto y alguien con un disfraz de gorila deambulara por el partido, ¿crees que te darías cuenta? ¿Y si el gorila se detuviera justo en medio de la pantalla, te mirara directamente y se golpeara el pecho con los puños? Según un experimento realizado en 1999, ¡la MITAD de los voluntarios que observaron este vídeo no vieron en ningún momento al gorila!

Lo que los científicos trataban de demostrar era algo llamado ceguera por falta de atención, que básicamente explica por qué cuando te concentras mucho en mirar una cosa, a veces el cerebro ignora cosas que también son visibles. ¡Hasta un gorila!

CHORRADA	9/10
ÚTIL	8/10
ASQUEROSO	1/10
SORPRENDENTE	10/10

Pídele a un adulto que te busque en Internet el vídeo original del experimento. Lo más seguro es que tú sí que veas al gorila porque ya te lo esperas, pero ¡haz la prueba con un amigo o familiar!

Investigar la ceguera por falta de atención puede ayudarnos en cosas tan importantes como la seguridad vial. Hay estudios que demuestran que la gente que conduce con el móvil (aunque sea con el manos libres) se pierde hasta el 50 % de lo que ocurre a su alrededor, lo que le lleva a cometer errores muy peligrosos.

A los voluntarios de este experimento les pidieron que contaran cuántas veces se pasaban el balón los jugadores que iban de blanco. Esto no era nada fácil, porque los jugadores de negro también se pasaban el balón, y todos se movían.

A continuación, les preguntaron cuántos pases habían contado y si habían visto al gorila. Prácticamente la mitad de los voluntarios alucinó con la pregunta. ¡Estaban tan concentrados en los pases del equipo blanco que no habían visto gorila alguno!

Otros científicos crearon vídeos con alguien disfrazado de gorila, pero moviéndose a diferentes velocidades. Y descubrieron que había más posibilidades de detectar a un gorila que se movía más rápido. Esto podría explicarse porque el cerebro humano considera que un objeto más rápido e inesperado constituye una amenaza mayor y, por lo tanto, no sería seguro ignorarlo.

TIP
TAP

EL RUIDO Y LA FURIA

TIP TAP, COF, COF, COF, ÑA, ÑA, ÑA. Tener que escuchar los diversos ruidos corporales que hacen otras personas a tu alrededor puede ser muy molesto, y a veces hasta un poco asquerosillo. ¿Hay algún «sonido humano» que a ti te dé yuyu?

Si la molestia o el asquete es ligero, tu reacción es completamente normal, pero cuando la gente se desquicia directamente, se conoce como misofonía, también llamada «furia sonora». La gente con misofonía llegan a perder tanto los nervios ¡que tienen que irse del sitio como alguien empiece a sorber, a morderse las uñas o a comerse una bolsa de patatas!

Tres científicos holandeses ganaron un IG Nobel por su investigación, en la que afirman que la misofonía es un trastorno real de salud mental. Descubrieron que las personas con misofonía se esfuerzan muchísimo por no enfadarse cuando los demás emiten sonidos humanos típicos, porque son conscientes de que dicho comportamiento no sería razonable. Por eso, casi siempre hallan formas de sobrellevarlo, como ponerse música o distraerse con alguna tarea para evitar ciertas situaciones en las que asumen que van a tener que oír los ruidos que más odian.

Otros sonidos comunes que las personas con misofonía no pueden soportar son los estornudos, el ruido fuerte al tragar, los pasos, el teclear, el clic de los bolis y la respiración fuerte.

¡¿OS PODÉIS CALLAR?!

SNIF

¡CRUNCH!

TACA TACA

PRURITO PLACER

Sí, que te pique la piel es muy molesto, pero ¡rascarse en el punto justo es un auténtico placer! Pero ¿es bueno que lo hagas? Eso es lo que un equipo de científicos se propuso averiguar con un experimento.

Lo primero que hicieron fue frotar el tobillo, el antebrazo y la espalda de cada voluntario con los pelillos afilados de una planta tropical llamada frijol terciopelo, famosa por causar unos picores horrorosos. Después, usaron un cepillo finito para rascar las zonas que ahora picaban a rabiar. A lo largo del experimento, les preguntaron a los voluntarios —cada treinta segundos durante un total de cinco minutos— cómo de intenso era el picor y qué grado de placer les producía rascarse.

Los científicos descubrieron que la duración y la intensidad del picor, así como la intensidad del rascado para aliviarlo y el gustirrinín que da, varían en función de en qué parte del cuerpo se dé. Por ejemplo, si en el antebrazo o el tobillo —pero no en la espalda—el picor es más fuerte, rascarse daba mucho más placer.

CHORRADA	8/10
ÚTIL	3/10
ASQUEROSO	7/10
SORPRENDENTE	7/10

¡SÍ, AHÍ JUSTO!

Los científicos pidieron a los voluntarios que usaran la escala visual analógica para describir la intensidad del picor y el placer que les producía rascarse. Normalmente, esta escala se utiliza para medir el dolor, de 0 (sin dolor) a 10 (el peor dolor que te puedas imaginar).

63

NO TE ENROLLES

A lo mejor piensas que cuantas más palabras largas, complicadas, sofisticadas, intrincadas, elaboradas, extensas y prolongadas (¡creemos que ya lo pillas!) uses al escribir, tus textos parecerán mejores. A ver, después de todo, así demuestras cuántas palabras conoces, ¿no?

El **catedrático** Daniel Oppenheimer había observado que algunos de sus alumnos usaban deliberadamente palabras mucho más enrevesadas de lo necesario en sus trabajos. Había algunas investigaciones que parecían respaldar esta idea: cuatro de cada cinco estudiantes admitían utilizar un lenguaje más complejo en los trabajos para dar a entender lo inteligentes que eran.

Aunque no pasa nada por escribir palabras largas, evitar con intención las más cortas va en contra de lo que aconsejan los expertos en redacción: hay que escribir de la manera más clara posible y sin enrollarse. Oppenheimer realizó unos experimentos en los que pidió a varias personas que comparasen textos que usaban un estilo sencillo frente a otros con un estilo más complicado para transmitir la misma información. Descubrió que cuantas más palabras innecesariamente largas incluía un texto, ¡de peor calidad les parecía a los lectores!

El artículo en el que Daniel Oppenheimer publicó su investigación se titulaba «Consecuencias del uso de la lengua vernácula más erudita independientemente de su necesidad». ¡Un toque de humor sobre los textos con complicadas palabrejas!

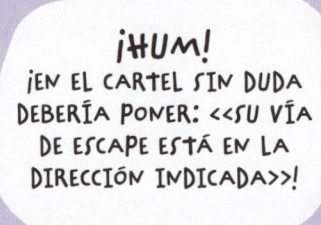

¡HUM! ¡EN EL CARTEL SIN DUDA DEBERÍA PONER: <<SU VÍA DE ESCAPE ESTÁ EN LA DIRECCIÓN INDICADA>>!

SALIDA →

CHORRADA		7/10
ÚTIL		8/10
ASQUEROSO		1/10
SORPRENDENTE		8/10

CHORRADA	5/10	
ÚTIL	7/10	
ASQUEROSO	1/10	
SORPRENDENTE	9/10	

¿¡NO TE **FLIPA** ESTA FUSIÓN DE MÚSICA COUNTRY-PUNK-HEAVY-METAL-BACHATA?!

¡¡¿¿EH??!!

EL PODER DEL «¿EH?»

Puede que nunca hayas pensado demasiado en «¿Eh?», una palabra cortísima que usamos cuando no hemos oído o entendido lo que alguien ha dicho. Pues los investigadores creen que esta palabra tan chiquitita es universal, o lo que es lo mismo: ¡existe en todos los idiomas hablados del mundo!

En lugar de ponerse a analizar una a una las casi 7.000 lenguas que hay, los investigadores escucharon grabaciones de conversaciones reales en 10 idiomas distintos, todos ellos pertenecientes a una amplia gama de familias lingüísticas (grupos de idiomas que funcionan de manera similar).

Descubrieron que en todos esos idiomas, «¿Eh?» puede escribirse y pronunciarse de forma más o menos distinta, pero suena prácticamente igual y el uso que se le da es casi el mismo. La mayoría de las palabras varían muchísimo entre las diferentes familias lingüísticas; por ejemplo, la palabra «perro» no tiene nada que ver con su equivalente japonés (*inu*) o inglés (*dog*).

¿¿EH??

«¿Eh?» es una palabra importante porque nos permite decirle a alguien que no hemos entendido lo que ha dicho. Ayuda a mantener el hilo de la conversación y a evitar malentendidos.

65

PICORES EN EL ESPEJO

El impulso de rascarse cuando te pica algo es prácticamente imposible de resistir, ¡aunque sepas que es el peor remedio! Rascarse los eccemas, los granitos de la varicela o las picaduras de insectos puede dañar la piel, pero (¡solo me voy a rascar un pelín!) el picor que provocan (anda ya, tampoco será para tanto, ¿¿no?!) puede (¡venga, RÁSCAMEEE!) hacer que te sea imposible pensar en otra cosa.

Sin embargo, puede que los científicos hayan encontrado una solución a esta comezón, ¡solo con un espejo y alguien que ayude! Realizaron un experimento en el que inyectaban a los voluntarios una sustancia llamada histamina en el brazo derecho para provocarles picazón. Luego les rascaban el brazo izquierdo o derecho con un palito metálico. Como era de esperar, los voluntarios dijeron que lo único que les aliviaba el picor era que les rascaran el brazo derecho.

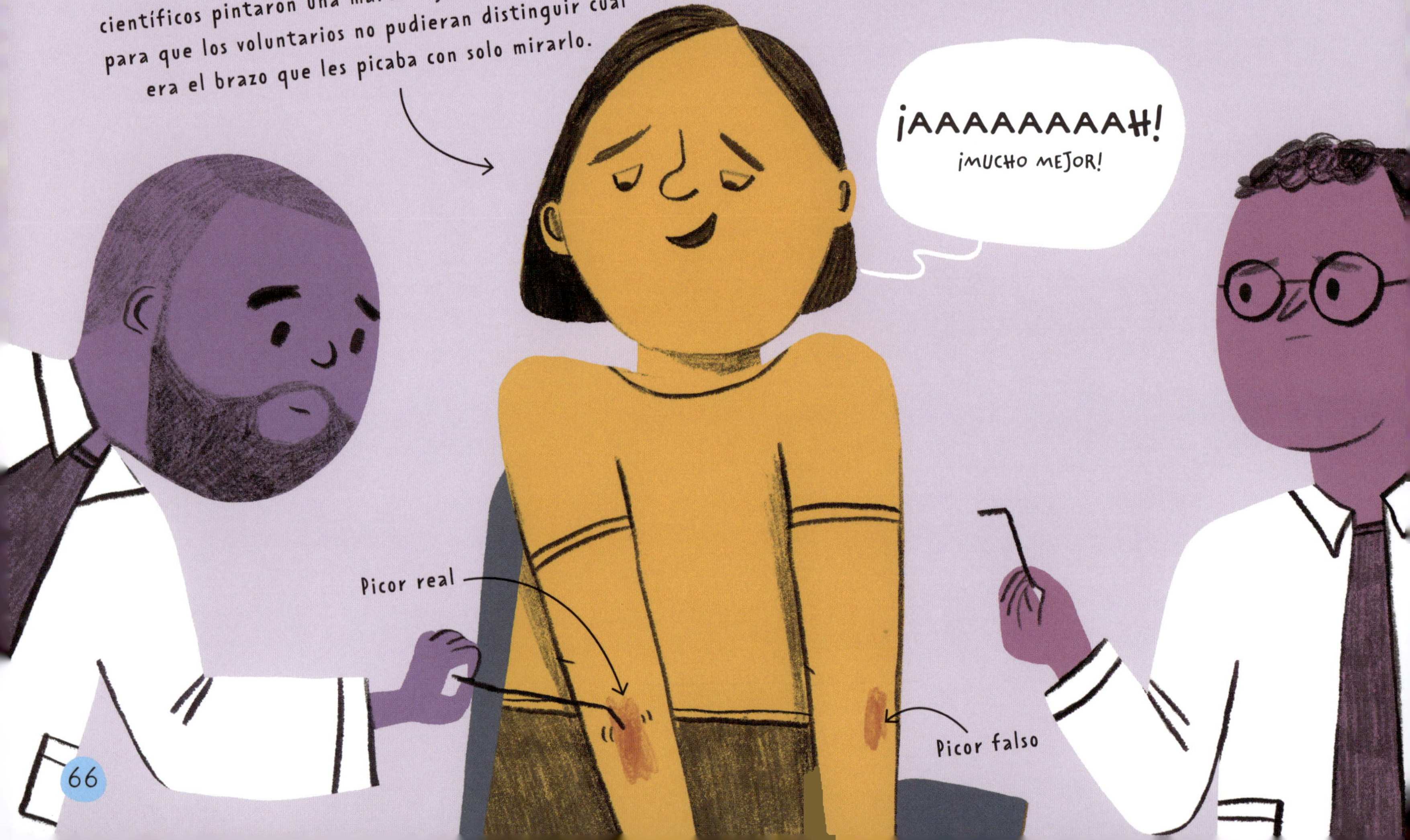

La inyección de histamina hacía que le saliese a cada voluntario una marca roja en el brazo derecho. Los científicos pintaron una marca roja en el otro brazo para que los voluntarios no pudieran distinguir cuál era el brazo que les picaba con solo mirarlo.

¡AAAAAAAAH!

¡MUCHO MEJOR!

Picor real

Picor falso

Picor real

Picor falso

Entonces, los científicos les colocaron un espejo que tapaba el brazo que les picaba y les pidieron a los voluntarios que solo miraran el brazo reflejado en él.

Cuando les rascaban el brazo izquierdo, que no picaba, el espejo hacía que pareciera el derecho, ¡y aliviaba el picor! Es verdad que solo una cuarta parte de lo que calmaba rascarse el brazo que picaba, pero, oye, demostró que nuestro cerebro puede anular otros mensajes del cuerpo cuando no coinciden con lo que vemos.

Se realizó también un experimento similar utilizando pantallas de vídeo que bloqueaban los brazos de los voluntarios. Proyectaron vídeos en tiempo real en los que se veía cómo rascaban los brazos a los voluntarios, invirtiendo la imagen de vez en cuando para que pareciera que les rascaban el brazo contrario. Al igual que en el experimento del espejo, los voluntarios notaron cierto alivio cuando se rascaba el brazo que no picaba, pero solo si parecía que se rascaba el brazo con la picazón.

Los científicos esperan que el «rascado con espejos» pueda aliviar a las personas que sufren picazón crónica y que a menudo se rascan la piel hasta que sangra. Y, de paso, aprovechar el parón para que su piel se recupere.

LA TORRE EIFFEL MENGUANTE

En la ciudad de París, Francia, se encuentra la torre Eiffel, uno de los edificios más famosos del mundo. Mide unos 300 m de alto, o más o menos la altura de 100 elefantes puestos uno encima de otro. Pero los científicos han descubierto una forma de hacer que la torre Eiffel parezca más pequeña: ¡solo hay que inclinarse a la izquierda!

En un estudio realizado con 33 personas, las que se inclinaban a la izquierda tratando de averiguar la altura de la torre casi siempre pensaban que era 12 m más baja que las que se mantenían erguidas o se inclinaban a la derecha. Ninguno de los voluntarios sabía cuál era la altura real de la torre, y siempre era una estimación.

Los voluntarios no fueron conscientes de que se estaban echando a un lado, porque les habían pedido que se pusieran encima de una tabla de equilibrio electrónica, alineándose con las marcas de guía de una pantalla conectada. Pero las marcas estaban trucadas, así que cuando indicaban que los voluntarios estaban rectos, ¡en realidad se inclinaban ligeramente a la izquierda o a la derecha sin darse cuenta!

1 2 3 4 5 6 7 8 9 10

¡AAAAARH!

ESTO... ¿250 METROS DE ALTO?

¿238 METROS?

La razón que se esconde tras este suceso tan extraño puede estar relacionada con la teoría de la «recta numérica mental». Al parecer, las personas suelen imaginarse los números en una línea horizontal, con los inferiores a la izquierda y aumentado a la derecha.

¡Gira la página!

A TRAVÉS DE LAS PIERNAS

Si te agachas y miras el mundo a través de tus piernas, te parecerá muy distinto a cómo lo ves cuando estás erguido. ¡Y no solo porque esté boca abajo!

Los catedráticos Atsuki Higashiyama y Kohei Adachi realizaron un experimento en el que pidieron a los voluntarios que observaran cinco rectángulos rojos de varios tamaños, colocados a diferentes distancias de ellos. Se le preguntó a cada uno qué tamaño y a qué distancia le parecía que estaban.

Algunos voluntarios se mantuvieron erguidos, mientras que otros se agacharon y miraron a través de sus piernas. Otros también se mantuvieron erguidos, pero además llevaban unas gafas prismáticas especiales que hacían que el mundo se viera al revés. Y otros más llevaban las mismas gafas mientras miraban a través de sus piernas, ¡y así sí que les parecía que las cosas estuvieran del derecho!

Cuando miraban a través de las piernas, aunque llevaran las gafas, estimaban que los objetos estaban más lejos de lo que en realidad se encontraban..., al menos para distancias de hasta 15 metros. Parece que la posición de sus cuerpos —y no solo la visión invertida de sus ojos— influía en cómo sus cerebros veían el mundo.

¡ANDA! ¡ESTÁ TODO DEL REVÉS!

CHORRADA 9/10
ÚTIL 4/10
ASQUEROSO 3/10
SORPRENDENTE 8/10

DISTINGUIR A LOS GEMELOS

Algunos gemelos idénticos son tan parecidos que hasta sus padres tienen dificultades para distinguirlos. Pues bien, los científicos han descubierto que los gemelos idénticos ¡muchas veces tampoco pueden distinguirse entre sí!

En un experimento realizado en Italia, diez parejas de gemelos idénticos llegaron acompañadas por un familiar o amigo cercano. Intentaron que esta persona se pareciese mucho a los gemelos. Les enseñaron a los gemelos y al familiar/amigo varias fotos, tanto de ellos mismos como de los otros dos. Algunas de esas fotos estaban en la posición correcta y otras del revés.

Les pidieron que identificaran, lo más rápido posible, quién aparecía en cada foto. Los gemelos casi siempre sabían cuándo una foto era de un familiar o de un amigo cercano, pero ¡a menudo les costaba mucho saber si la foto era de ellos mismos o de su gemelo! Y cuando la foto estaba del revés, todavía peor. De hecho, ¡no se les dio mejor que a sus familiares o amigos cercanos distinguirse entre ellos!

Aproximadamente 1 de cada 250 nacimientos son gemelos idénticos. Esto ocurre cuando un solo óvulo fecundado se divide en dos, creando dos personas que comparten los mismos genes.

CHORRADA	7/10	★
ÚTIL	5/10	
ASQUEROSO	1/10	
SORPRENDENTE	8/10	★

CHORRADA	7/10
ÚTIL	7/10
ASQUEROSO	1/10
SORPRENDENTE	7/10

¡AQUÍ ARRIBA!

En 1968, en una calle de Nueva York hasta los topes de gente, 15 personas se quedaron mirando hacia arriba, a la ventana del quinto piso de un edificio. La mayoría de las personas que pasaban por allí también miraban hacia la ventana, y casi la mitad de ellas se detuvieron para observarla detenidamente. Pasado un minuto, las 15 personas originales se fueron. Pero entonces, ¿qué tenía de interesante aquella ventana?

¡Pues nada de nada! Era parte de un experimento para ver cómo respondía la gente ante un grupo de hasta 15 personas, o incluso una sola, que miraban algo durante 60 segundos.

Solo bastó una persona que mirara hacia arriba para que 42 de cada 100 que pasaron hicieran lo mismo. Pero a cotillear de verdad, solo se pararon 4 de cada 100. Y cuanto más grande fuese la multitud, mayor efecto tenía en los transeúntes. Cuando lo hizo una multitud de 15 personas, la friolera de 86 de cada 100 miraron hacia arriba, ¡y 40 de cada 100 personas se detuvieron a mirar fijamente a la nada!

Los científicos grabaron vídeos de los 15 m que medía de largo la calle donde se llevó a cabo el experimento. Después visionaron los vídeos y contaron todos los transeúntes y cómo reaccionaban. ¡Les debió llevar una eternidad!

QUÉ ROLLO DE DESPERTADOR

¿Alguna vez te cuesta levantarte de la cama por las mañanas? Cuando la inventora Gauri Nanda era estudiante universitaria, le pasaba exactamente lo mismo. A menudo, y todavía adormilada, pulsaba el botón de repetición de la alarma una y otra vez. Muchas veces se quedaba dormida de nuevo y llegaba tarde a las clases de primera hora.

Una mañana, se dio cuenta de que la alarma era el problema. Así que, como proyecto para su clase de diseño, creó un despertador de peluche con ruedas, ¡al que había que perseguir por todo el cuarto para apagarlo! El invento apareció en páginas webs de tecnología superimportantes y se hizo viral. Había tanta gente que lo quería, que se pasó dos años desarrollando el producto (eso sí, sin peluche), y lo llamó Clocky.

Cuando suena la estridente alarma de Clocky, este pega un brinco desde la mesilla de noche y se pone a correr por la habitación. Como además se esconde en diferentes lugares, te tienes que levantar sí o sí para que pare el dichoso pitido. ¡Y perseguir a Clocky debería despertarte lo suficiente como para que no vuelvas a dormirte!

¡GRRRRR! ¡VEN AQUÍ AHORA MISMO!

¡VAS A TENER QUE DESPERTARTE PARA PILLARME!

7:20

CHORRADA	8/10
ÚTIL	9/10
ASQUEROSO	1/10
SORPRENDENTE	8/10

LA RAREZA DE REPETIR PALABRAS

CHORRADA	7/10
ÚTIL	6/10
ASQUEROSO	5/10
SORPRENDENTE	7/10

¿Alguna vez has dicho, leído o escrito una palabra una y otra vez, y te ha resultado superraro? Es como si la palabra no sonara bien o no fuese correcta, ¡o ni siquiera pareciese una palabra de verdad!

Los científicos llaman a esta sensación *jamais vu*, que en francés significa «nunca visto». Describe la forma en que, palabras que conocemos de sobra, empiezan a resultarnos como si no las conociésemos de nada cuando las decimos, leemos o escribimos muchas veces seguidas. A veces incluso pierden su significado y parecen una cadena de letras al tuntún.

Un equipo de investigación, que ganó el premio IG Nobel, averiguó que esto comienza a suceder después de que las personas escriban la misma palabra unas 30 veces, o más o menos pasado un minuto. Aunque, al menos, parece que este efecto solo le afecta a dos de cada tres personas.

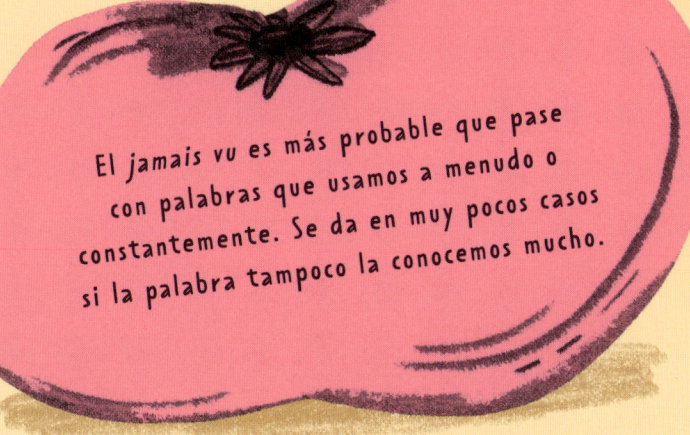

El *jamais vu* es más probable que pase con palabras que usamos a menudo o constantemente. Se da en muy pocos casos si la palabra tampoco la conocemos mucho.

¡moHos MUCILAINGENIOSOS!

CHORRADA	8/10	☆
ÚTIL	9/10	
ASQUEROSO	6/10	
SORPRENDENTE	9/10	★

Los mohos mucilaginosos son formas de vida tan sumamente extrañas, que no son ni animales ni plantas ni **hongos**. Pertenecen a un grupo variopinto de seres vivos llamados **protistas**, en el que también están las algas.

Aunque los mohos mucilaginosos no tienen cerebro, muestran signos alucinantes de inteligencia. Un grupo de científicos de Japón descubrió que un moho mucilaginoso plasmodial ¡pudo hallar la ruta más corta en un laberinto!

¡BIENVENIDOS A LA CARRERA MUCILAGINOSA EN LABERINTO!

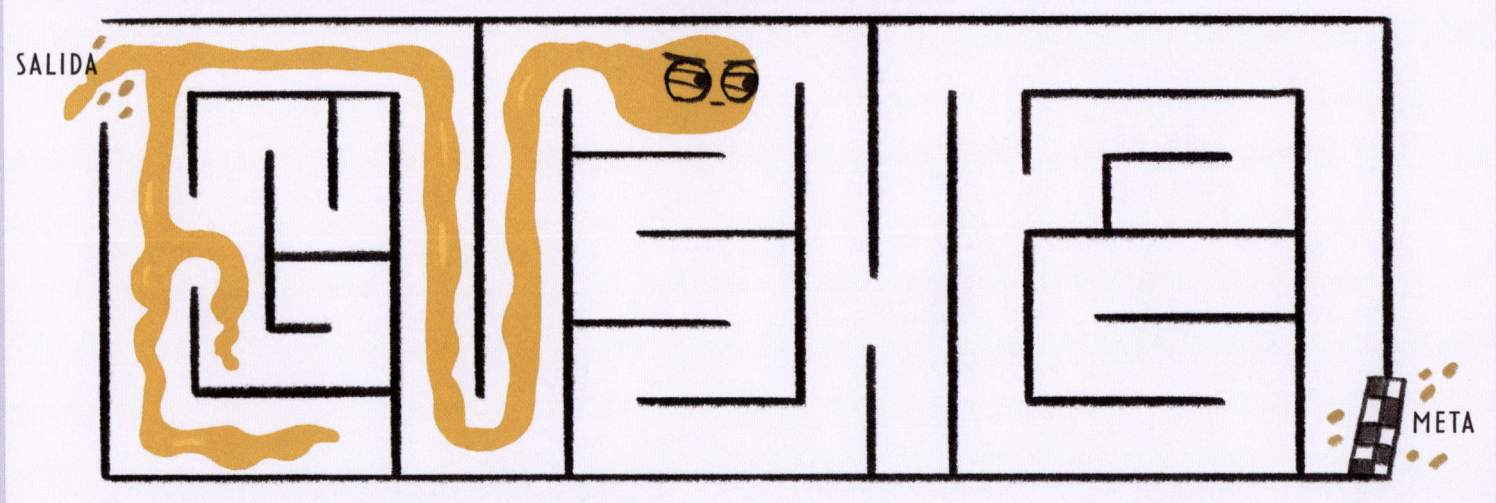

SALIDA

META

El moho mucilaginoso se extendió por todo el laberinto en busca de alimento. Al principio y al final del laberinto habían colocado copos de avena, que, por lo visto, a los mohos mucilaginosos les encantan como aperitivo.

¡VENGA, QUE TÚ PUEDES, MOHI!

¡A POR LA AVENA!

Hay muchos, muchísimos seres vivos, como las plantas, los hongos, las bacterias, los corales o las medusas, que no tienen cerebro. Los científicos cada vez saben más sobre cómo estas formas de vida utilizan la información para poder sobrevivir.

8 HORAS DESPUÉS...

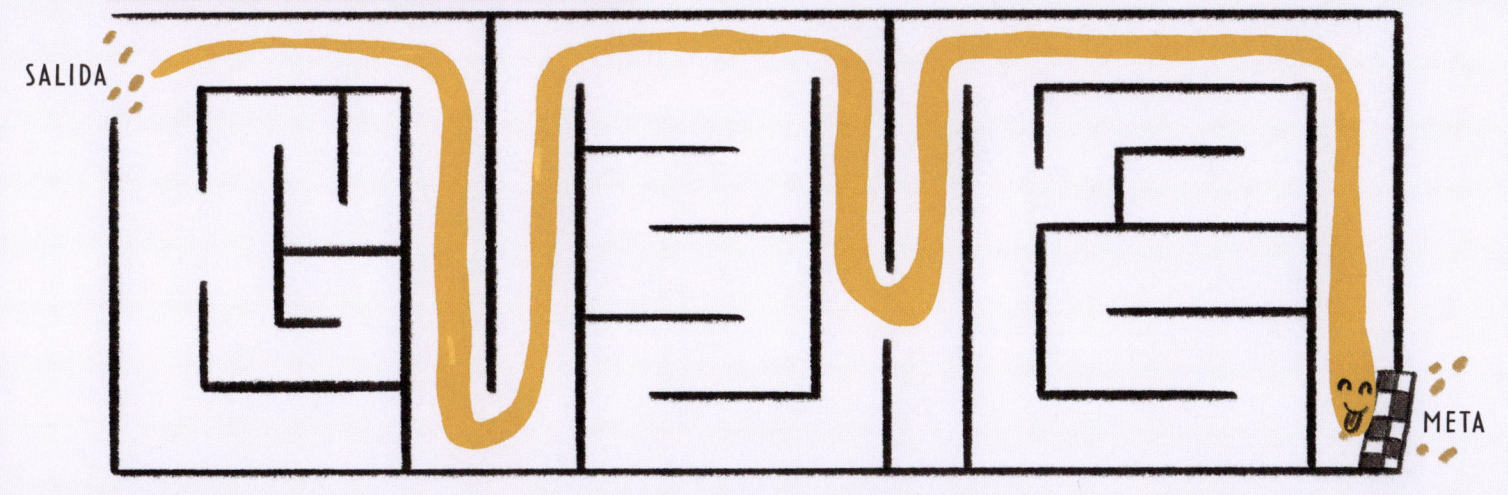

SALIDA

META

Cuando el moho mucilaginoso encontró la avena al final del laberinto, se alejó de las partes sin salida y de las rutas más largas, dejando que las partes de sí mismo que quedaban ahí se descompusieran. El moho mucilaginoso restante tomó la ruta más corta entre las dos fuentes de comida. Eso sí, tardó unas ocho horas en resolver el rompecabezas.

¡HURRAAAAAA!

¡ERES NUESTRO HÉROE, COLEGA!

Un moho mucilaginoso es unicelular... ¡y tu cuerpo está compuesto por unos 17 billones de células!

La capacidad de los mohos mucilaginosos para encontrar las rutas más eficientes podría ayudarnos a los humanos a planificar las redes de transporte. Hubo otros experimentos en los que científicos usaron comida para representar ciudades... ¡y los mohos mucilaginosos recrearon mapas de carreteras y ferrocarriles entre ellas!

¡SOY UN MUCILAGENIO!

¡CUESTIONARIO!

1 ¿Hacia qué lado te tienes que inclinar si quieres que la torre Eiffel parezca más pequeña? ¿Izquierdo o derecho?

2 ¿Qué es la misofonía?

3 ¿Qué planta frotaron los científicos sobre la piel de las personas para provocarles picazón y comprobar así lo estupendo que es rascarse?

4 ¿Los gemelos idénticos pueden distinguirse siempre entre sí, aunque nadie más pueda hacerlo?

5 ¿Cuál es la palabra que al parecer existe en todos los idiomas del mundo?

6 ¿Qué sensación describe el *jamais vu*?

7 El uso de palabras innecesariamente largas ¿hace que tu redacción parezca mejor o peor?

8 ¿Qué significa «ceguera por falta de atención»?

9 ¿A qué grupo de seres vivos pertenece el moho mucilaginoso?

10 ¿Cuántas personas, de cada 100, se detuvieron a mirar hacia arriba sin motivo alguno solo porque había un grupo de 15 personas que lo hacía?

COMPRUEBA TUS RESPUESTAS EN LA PÁGINA 80.

¿CÓMO TE HA IDO?

CONCLUSIÓN

Ahora ya tienes suficiente información científica como para detectar un gorila «invisible» y saber cómo mojar una galleta de un modo científico. Pero ¿cuál de todos estos descubrimientos te ha sorprendido más?

¿Cuál te ha parecido tan asqueroso que casi se te quitan las ganas de merendar?

Y, lo más importante, ¿cuál ha sido tu preferido?

Ya casi hemos llegado al final del libro y lo más seguro es que hayas aprendido más de lo que nunca quisiste saber sobre el pestazo a pies y los distintos tipos de caca de animales. ¡Muchas de nada!

Pero lo que en realidad nos chiflaría es que, entre los incrédulos «Nooooooo» y los asqueados «Puaaaaj», hayas visto cómo la ciencia, tan absurda como parece, puede enseñarnos cosas realmente importantes sobre nuestro mundo. Y cómo en ocasiones puede cambiar, o incluso salvar, vidas.

Hay muchas formas de comprender mejor nuestro mundo, y nunca se sabe adónde puede llevarnos la curiosidad. ¿Crees que si estudiásemos la baba de las babosas hallaríamos la clave para curar todas las enfermedades? Si midiésemos el volumen de los alaridos que pegamos en las montañas rusas, ¿descubriríamos una fuerza secreta de la naturaleza? ¡Nunca se sabe! Lo que casi es seguro es que los científicos aprenderían un montón por el camino... y además se lo pasarían en grande.

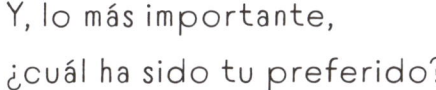

GLOSARIO

Ácidos grasos
Tipo de ácido presente de forma natural en las grasas y aceites vegetales y animales.

Análisis
Estudio cuidadoso y detallado de algo para comprender mejor qué es y cómo funciona.

Artificial
Que no es natural, fabricado por el ser humano.

Bacterias
Organismos vivos diminutos, a menudo unicelulares, que en ocasiones pueden causar enfermedades.

Carbohidrato
Sustancia natural, como el almidón o el azúcar, que proporciona energía al organismo. Los alimentos como el pan, el arroz y la fruta son buenas fuentes de carbohidratos.

Catedrático
Profesor experto en una universidad o escuela superior.

Electromagnético
Tipo de imán en el que se hace pasar una corriente eléctrica a través de un cable enrollado alrededor de una pieza de hierro o acero. La electricidad lo convierte en magnético.

Estudio
Experimento o investigación que realizan los científicos para aprender más sobre algo. Anotan lo que hacen y cuáles son los resultados para compartirlo con los demás.

Extraer
Separar y eliminar algo.

Filtro
Dispositivo que elimina algo no deseado de un gas o líquido a medida que pasa a través de él.

Fósil
Los restos o huellas, en el suelo o en la roca, de un ser vivo de hace mucho tiempo.

Fricción
Fuerza de roce entre dos objetos que se mueven uno junto al otro. Hace que se muevan con menos rapidez y suavidad.

Fuerza
Empuje o tracción en una dirección determinada que actúa sobre un objeto.

Galaxia
Un enorme sistema que incluye miles de millones de estrellas, gas, polvo y otra materia, que se mantienen juntos por la gravedad.

Genes
Información contenida en las células de nuestro cuerpo, transmitida por nuestros padres. Los genes pueden influir en nuestro aspecto físico y en nuestro comportamiento.

Hongos
Los hongos son un tipo de ser vivo. Suelen vivir en plantas o en materia muerta en descomposición.

Infrarrojo
Un tipo de onda luminosa demasiado larga para que la veamos los seres humanos, pero que podemos sentir en forma de calor. Las cámaras infrarrojas nos ayudan a detectar objetos calientes o fríos.

Inmune
Protegido contra una enfermedad concreta, ya sea de forma natural o gracias a una vacuna.

Instrumental
Conjunto de equipos o herramientas para un uso concreto.

Inteligente
Cuando acompaña a un dispositivo, como un teléfono o un reloj, significa que está conectado a internet y utiliza tecnología digital.

Intestino delgado
Órgano largo y sinuoso, con forma de tubo, que forma la parte inferior del sistema digestivo de los animales (y de los seres humanos), debajo del estómago.

Linóleo
Material liso e impermeable que se emplea a menudo para cubrir los suelos de cocinas y baños. Se fabrica presionando madera molida y aceite sobre un tejido.

Marsupial
Un animal como un canguro, un ualabí o un wómbat. La hembra marsupial tiene una bolsa en la parte delantera, en la que lleva a su cría después de dar a luz.

Mineral
Sustancia sólida y pura que se forma de modo natural en el suelo y no proviene de plantas ni animales.

Molécula
Una partícula diminuta formada por uno o más átomos, que son los componentes básicos del universo. Como el agua, es la unidad más pequeña de una sustancia que aún conserva todas las características de la misma.

Navegar
Encontrar la dirección correcta para viajar por medio de mapas, equipos o puntos de referencia naturales.

Órgano
Parte del cuerpo, como el corazón o los pulmones, que realiza una función concreta.

Parásito
Ser vivo que solo puede sobrevivir obteniendo alimento y energía de un huésped, otro ser vivo al que normalmente causa daño.

Placa de Petri
Plato redondo, poco profundo y transparente, de vidrio o plástico, que se utiliza para cultivar bacterias.

Plomo
Metal gris blando, pesado y tóxico.

Proteína
Sustancia natural que el cuerpo necesita para crecer y repararse. Alimentos como los huevos, la carne y las legumbres son buenas fuentes de proteínas.

Protista
Un tipo de ser vivo que no pertenece ni al grupo de los animales, ni al de las plantas, ni al de los hongos o el de las bacterias. Los protistas suelen ser tan pequeños que se necesita un microscopio para verlos.

Quebradizo
Duro pero frágil y que se rompe con facilidad.

Satélite
Máquina lanzada al espacio para viajar alrededor de la Tierra. Suele recopilar información, como patrones climáticos, o ayuda a que funcionen los sistemas de comunicación (como la televisión, los teléfonos y la radio).

Suplemento
Una pastilla o alimento especial que se toma o se come regularmente para ayudar a mejorar la salud.

Territorio
Zona que un animal ha reclamado como propia y que suele marcar de alguna manera para que otros animales de su especie sepan que deben mantenerse alejados.

Vapor de agua
Agua en forma de gas, pero normalmente más fría que en su estado puramente gaseoso, que es cuando está por encima de su punto de ebullición, a aproximadamente 100 °C.

RESPUESTAS

ABSURDO ANIMAL (PÁGINA 26)

1. Hace que sea más fácil nadar.
2. Es un cubo; si has dicho «cuadrada», ¡te llevas medio punto!
3. ¡Recortó un par de huellas de gato de cartón y las paseó por el teclado de un ordenador!
4. Cualquiera de los siguientes: rana, fresa, avellana, tomatito cherry, pez, saltamontes, ratón.
5. Cualquiera de los siguientes: Pablo Picasso, Claude Monet, Paul Cézanne o Georges Braque.
6. ¡Con un disfraz blanco de oso polar!
7. Algunos tipos de arenque.
8. Para comprobar si la ballena tiene alguna enfermedad grave.
9. Les pusieron unos sombreritos de cartón a los escarabajos.
10. ¡Una pulga del perro! Salta de media unos 2,3 cm más alto que una pulga del gato.

CUERPO RARUNO (PÁGINA 42)

1. Se aplica fuerza al aro tanto hacia delante y atrás como hacia arriba y abajo, todo al mismo tiempo.
2. ¡Sí! Quizá por el crecimiento, o puede que por la flacidez.
3. El queso Limburger.
4. Cualquiera de los siguientes: tiras reactivas para analizar la orina, sensores que registran cuándo y cuánto tiempo pasa alguien en el baño, una cámara que puede identificar a alguien por su trasero y un sistema informático para controlar las heces.
5. El 4,5 %; si has respondido entre el 1 % y el 10 %, vaaale, te llevas medio punto.
6. Lactasa.
7. Olor de pies.
8. Más cómodo, pero ¡seguiría siendo insoportable!
9. El cobre.
10. De carbón activo.

TODO A TU GUSTO (PÁGINA 58)

1. Articulaciones artificiales mucho mejores para los humanos.
2. Civeta o *luwak*.
3. No, casi siempre se rompe en tres o más pedazos.
4. Porque normalmente empieza con la mantequilla hacia arriba y cae desde una altura bastante baja, así que solo tiene tiempo de dar una vuelta antes de estamparse contra el suelo.
5. Que esa parte de la roca a lo mejor es un hueso fosilizado.
6. No, a menudo se tarda mucho menos de cinco segundos.
7. Unos 250 litros más, o 1.000 vasos de leche.
8. No, en general es más o menos el mismo tiempo.
9. Sí, sobre todo si se hace una «inmersión científica» con la parte de chocolate hacia arriba.
10. Para analizar e identificar las bacterias de la boca de un delincuente... a quien le guste el chicle, claro.

CURIOSA MENTE (PÁGINA 76)

1. Izquierdo.
2. La «furia sonora»: cuando las personas encuentran ciertos sonidos tan molestos que se ponen furiosas, irascibles o físicamente incómodas.
3. La planta tropical llamada frijol terciopelo.
4. ¡Qué va! En un estudio, no obtuvieron mejores resultados que un amigo cercano o un familiar.
5. ¿Eh?
6. La sensación de que las palabras habituales empiezan a parecer extrañamente desconocidas cuando las decimos o escribimos muchas veces seguidas.
7. Según un estudio científico, muchísimo peor.
8. Cuando te concentras tanto en mirar una cosa en concreto que tu cerebro ignora cualquier otra cosa que puedas ver.
9. Al de los protistas.
10. La friolera de 86 de cada 100 personas, en un estudio realizado en 1968.

¡Hay 14 aviones de papel a lo largo del libro! Están en las páginas 12, 15, 21, 25, 31, 35, 40, 44, 49, 51, 57, 65, 69 y 72.